# THOMAS MANN

# ET

# LE MYTHE DE FAUST

Claude Herzfeld

# THOMAS MANN
# ET
# LE MYTHE DE FAUST

L'HARMATTAN

**5-7, rue de l'École-Polytechnique ; 75005 Paris**

http://www.librairieharmattan.com
diffusion.harmattan@wanadoo.fr
harmattan1@wanadoo.fr

ISBN : 978-2-296-54480-2
EAN : 9782296544802

# FAUST AVANT *LE DOCTEUR FAUSTUS*

## SATAN AU PIRE

Par Satan, il faut entendre le mal. Sans doute est-il “particularisé” par différents contextes religieux. Il faut cependant aborder l’étude du personnage littéraire dans l’esprit d’un manichéisme qui est de nature à inspirer le romancier et à créer le malaise chez le lecteur.

### “MANICHÉISME” : SATAN “PROXO”

En employant le mot “manichéisme”, nous ne désignons pas, comme nous l’avons fait ailleurs[1], la doctrine dualiste de Mani[2] : nous prenons le mot dans son acception habituelle, au sens d’une opposition entre deux principes, le Bien et le Mal. Le problème de l’existence du Mal, voulue ? acceptée ? tolérée ? par le “bon” Dieu ne laisse pas de troubler la conscience humaine. Il s’agit d’un mythologème, d’une interrogation à laquelle le mythe répond en exprimant les secrets désirs que les hommes n’osent pas se formuler clairement à eux-mêmes. Ou plutôt, il s’agissait. En effet, en ces temps d’acceptation de faits qui, hier, faisaient scandale, et où des actes répréhensibles sont banalisés, le proxénétisme ne tardera pas à être considéré comme l’un des beaux-arts, et le Satan “maquereau” qui sévit chez Thomas Mann[3] et Pierre Mac Orlan a toute chance de passer pour un gars “sympa”[4].

---

[1] *"Le Grand Meaulnes" d'Alain-Fournier*, Les grands événements littéraires, Nizet, 37510 Saint-Genouph, 1981 (réédition).

[2] En pehlvi. En grec, Manès.

[3] *Le docteur Faustus* (1947), traduit de l'allemand par Louise Servicen, Albin Michel, 1950 (abréviation : D.F.).

[4] *Cf. Eloa*, de Vigny.

Pauvre Satan, obligé de jouer au "marlou" pour séduire une humanité à laquelle on "ne la fait pas".

## ADRIAN-IAGO

Adrian ou Orgon sont plus dangereux que Tartuffe. Iago est plus à craindre qu'Othello. De même, plus que le Diable lui-même, ce sont ses suppôts, ses "collabos" qui doivent être redoutés comme la peste.

Le mythe de Faust traduit fondamentalement l'aventure de la liberté humaine confrontée avec le mal. Dans les deux œuvres de Th. Mann et de P. Mac Orlan[5], il s'agit d'exemplifier la perdition que prépare le pacte avec Satan. Dans *Le docteur Faustus*, le régime nazi ayant personnalisé le Pouvoir, le lecteur comprend que, par le truchement de la biographie d'un compositeur, Adrian, et le biais de l'image d'une Allemagne "début de siècle", Th. Mann stigmatise celui qui accepte de pactiser avec le Diable et lui oppose la belle figure mythique de l'enfant Écho, ange descendu du Ciel et qui apporte avec lui son mythe positif.

Adrian représente la société allemande qui trouva en Hitler, peintre raté, bohème, orateur de brasserie, quelque chose de spécial, un "charisme". Max Weber (1864-1920) entend par là, non pas, comme on l'a dit, à tort ou à raison, très longtemps des "grands hommes qui font l'histoire" et dont les qualités sont indéniables, mais de la perception d'un *Führer* aux qualités supposées que lui prête le peuple — la propagande confère à un individu médiocre des attributs extraordinaires — : le pouvoir détenu par le Führer émane, en fait, des frustrations dont Weimar est rendue responsable et des attentes placées en

---

[5] *Marguerite de la nuit*, Grasset, 1925.

la personne du dictateur. Les concessions et les complaisances qui profitèrent à Hitler n'excusent nullement ceux qui s'en sont rendus coupables.

C'est dire que, si le problème de la créature aux prises avec le démon — et conditionnée par les déterminismes qui limitent sa liberté — est posé, Th. Mann n'a pas dissimulé l'engagement humain chez son héros et, à travers lui, dans l'âme du peuple allemand qui vit, lui aussi, son destin tragique. Pour avoir boudé la démocratie incarnée (pas si mal, malgré Noske et la sanglante répression de l'insurrection spartakiste) par la République de Weimar (à laquelle Th. Mann, ci-devant pangermaniste, s'était rallié), le peuple allemand a connu le totalitarisme couronné par l'effondrement, la défaite et l'humiliation.

## ACCUSÉ FAUSTUS, COUPABLE !

Au final, Th. Mann nous convainc qu'Adrian est coupable parce qu'il a choisi librement le *Führer* et s'est engagé dans la voie du Mal qui ne mène pas au bonheur suprême, mais entraîne tout un peuple dans l'Apocalypse.

## DES SIGNES AVANT-COUREURS

Très tôt, l'auteur du *Docteur Faustus* avait relevé dans l'histoire du peuple allemand[6] des symptômes

---

[6]*Cf.* "Figure d'Hermès et visages de *La Mort à Venise*", in *Les Représentations de la mort* , sous la direction de Bernard-Marie Garreau, Presses Universitaires de Rennes, 2002.

morbides[7] et des signes d'hystérie collective[8]: "La peste à Cologne, les comètes et les grands signes, les nonnes stigmatisées, les croix timbrant les vêtements des hommes, et pour bannière une chemise virginale bizarrement marquée d'une croix" (D.F., p. 247). Nulle œuvre ne magnifie plus "l'homme faustien" que le *Déclin de l'Occident* d'Oswald Spengler (1880-1936), homme que caractérise un sentiment d'angoisse cosmique né de la fuite héraklitéenne du temps, contrainte suprême, lié à la vie biologique et conduisant à la mort. Ce sentiment d'angoisse s'accompagne du désir insatiable de pénétrer, dans un élan mystique que symbolise si bien la cathédrale gothique, le mystère du devenir. L'alchimiste faustien cherche à brûler les étapes, accélère le processus de transformation, tente de percer les lois de la nature pour leur faire violence et crée des machines — des objets techniques — destinés à dominer le monde[9]. Le faustien se définit comme un homme d'action, mais son entreprise de domination universelle, son impérialisme, conduit au totalitarisme dont le détournement des thèmes nietzschéens à son profit en dit long sur ses procédés de domination : loin d'en appeler au travail sur soi, la phraséologie de "l'homme faustien" vise à instaurer une "morale", celle des maîtres.

---

[7]*Cf.* C. Herzfeld, *"La Montagne magique" de Thomas Mann. Facettes et fissures*, Nizet, 1979.

[8] *Cf.* C.G. Jung, *L'Homme et ses symboles*, Laffont, 1964, p. 34.

[9] Jusqu'à la punition de l'*hybris* (l'orgueil), par les dieux jaloux qui abaissent l'homme, comme dans la mythologie. En 1912, le paquebot *Titanic* ("Dieu lui-même ne pourrait couler ce bâtiment !" avait écrit l'Américain Walterhord) rencontra un iceberg et coula. Photographie : montage de scènes de naufrage, extrait du film *A Night to remember* (*ibid.*, p. 121).

## DE L'HOMME FAUSTIEN AU NAZI

Aussi les nazis ne se sont-ils pas privés d'accommoder à leur sauce l'homme faustien proposé comme idéal, par Spengler, à l'Occident tout entier : ils firent de la figure mythique de Faust un personnage essentiellement germanique symbolisant l'Action conquérante.

## L'AMOUR DU PEUPLE ALLEMAND

Et l'on sait comment s'acheva la "conquête"[10], Hitler[11] prouvant son amour à l'égard du peuple allemand en refusant d'arrêter le carnage quand il était encore temps, profitant de l'incertitude concernant le commencement de la fin : «L'incertitude de l'instant où il sera temps de songer à la fin" et la faculté de le choisir, l'incertitude de la prévision, brouillent malicieusement la vision de la fin assignée» (p. 245).

---

[10] Photographie (*ibid.*, p. 111) : "Un exemple moderne d'*hybris* : prisonniers allemands à Stalingrad après l'invasion de la Russie par Hitler".

[11] Illustration (*ibid.*, p. 172) : Hitler prononçant un discours. Churchill le décrit ainsi : "Pendant plus de cinq ans, cet homme a parcouru l'Europe à la recherche de quelque chose auquel il pourrait mettre le feu. Malheureusement, il se trouve sans cesse des mercenaires pour ouvrir les portes de leur pays à cet incendiaire international" (exemple : Franco). — Voir les photogrammes (*Photogrammes antinazis*, Chêne, 1978) de Helmut Herzfeld (John Heartfield, pseudonyme adopté pour faire la nique aux militaristes prussiens anglophobes : son frère, Wieland, ajouta un "e" à notre nom !) par lesquels est dénoncée la vraie nature du Führer. — John Willett a rassemblé 150 illustrations dans son *Heartfield contre Hitler*, Hazan, 1997.

De cela, *Le docteur Faustus* porte témoignage :

> Pour d'innombrables êtres, cet anéantissement *[du régime hitlérien]* viendra trop tard. *[...] [J]*e dois moi-même me contenter de la piètre consolation de penser que, dans la mesure de mes faibles forces, je m'emploie de mon mieux pour inciter le monde à exterminer les infâmes criminels détenteurs du pouvoir, qui ont infligé aux peuples et à l'humanité une aussi inexpiable souffrance[12].

## REFOULEMENT

Les nazis savaient que l'énergie des archétypes peut être concentrée par les rites et d'autres appels aux émotions fortes de façon à pousser les masses à l'action collective : ils ont utilisé diverses versions des mythes teutoniques pour rallier le peuple allemand à leur cause[13].

## CHASSEZ LE MYTHE…

En effet, lorsqu'un mythe bénéfique, aspiration et appel, est refoulé[14], un mythe maléfique explose, libérant les pulsions réprimées et traduisant l'inavouable. Th.

---

[12] Lettre du 12-V-1943 (L. p. 37).

[13] Voir la photographie représentant la célébration, en été, de la fête du solstice — résurrection d'une fête païenne — par la jeunesse hitlérienne et le portrait de propagande, représentant Hitler sous les traits héroïques d'un croisé (Jung, *L'Homme et ses symboles*, *op. cit.*, p. 79). — La structure des mythes héroïques antiques est fondée, à l'origine, sur des rites de fécondation saisonniers comme ceux que l'on célébrait sans doute il y a 3000 ans en Angleterre à Stonehenge à l'aurore du solstice d'été (illustration, *ibid.*, p. 109).

[14] Il peut être aussi récupéré : le mythe de Wotan, par les nazis.

Mann a le courage de balayer devant sa porte, ce qui n'est pas mince, quand on sait la répugnance des peuples à faire leur examen de conscience. Et l'on peut toujours attendre leur *mea culpa*. En fait, ceux que Sartre appelle les "salauds" sont de tous les pays.

## TRANSPOSITION

Th. Mann nous donne à lire une transposition saisissante de l'antique aventure de Faust en abordant de front le grand problème de ce Mal que l'homme suscite pour en être la première victime.

## JOHANNES CONDUIT LE BAL

Au départ du mythe de Faust, un personnage historique ou presque : un certain (ou incertain[15]) *Doktor Johannes Faustus* qui aurait vécu (mais son existence n'a pu être démontrée) entre 1490 et 1540 et à qui, médecin, astrologue et alchimiste, l'on prête depuis le Moyen Âge les aventures les plus merveilleuses et les plus bizarres. Il s'agirait d'un charlatan, à l'ambition démesurée (l'*hybris* grecque), qui, pour duper les gens, leur promettait de renouveler les miracles du Christ. Étrange magicien, ce bonimenteur et hypnotiseur de foire dut faire des émules. Th. Mann, que ses enfants et ses proches appelaient "le magicien" et qui s'était intéressé à la magie, s'interrogera sur le fait que, dans leurs discours — slogans et timbre de

[15] Les uns le font naître à Knittlingen (Wurtemberg), les autres à Roda, près de Weimar.

voix[16] réunis —, Hitler et Mussolini[17] exercent sur les foules un pouvoir comparable à celui du magicien et de ses formules magiques sur son auditoire[18].

Les lectures de Jung lui ont appris que Faust avait été “une sorte de philosophe” : “Bien qu’il se fût détourné de la philosophie, elle lui avait manifestement appris à s’ouvrir à la vérité”[19]. Toujours est-il que Jung s’intéresse davantage à la figure de Satan (il critique la solution finale du *Faust* de Goethe[20]) qu’à celle de Faust. Il a découvert sa propre personnalité numéro 2 et, plus que “le Christ johannique” (relatif à l’apôtre Jean) ou “le rédempteur synoptique”[21], Faust est “un équivalent vivant du numéro 2” : “En dépit de sa nature négatrice, Méphistophélès, en face du savant desséché qui passe tout près du suicide, représente le véritable esprit de vie”. Les contrastes intérieurs de Jung lui “apparaissaient ici sous forme de drame”. Goethe avait en quelque sorte donné “une esquisse et un schéma” de ses propres conflits et solutions”.

Division et opposition : “La dichotomie Faust-Méphisto”, se confondait alors pour Jung “en un seul homme, et cet homme, c’était moi !” Et il précise : “Plus tard, dans mon œuvre, je partis de ce que Faust avait laissé

---

[16] Le texte de Hermann Hesse, "Une soirée chez le Dr. Faust", rejoint le témoignage d'"Edmond", en évoquant, à travers la voix de Hitler, l'aspect diabolique du nazisme (in *Souvenirs d'un Européen*, respectivement p. 235 et p. 251, traduit par Edmond Beaujon, Calmann-Lévy, 1988).

[17] Pour ce dernier, voir Th. Mann, *Mario et le magicien*, Grasset, 1973.

[18] Il faudrait ajouter le rôle joué par la Nuit dans le spectacle concocté par le démiurge. Ce ne sont pas les flambeaux des retraites, à Nuremberg, qui apportent la lumière.

[19] C.G. Jung, *"Ma vie". Souvenirs, rêves et pensées*, Folio, 1973, p. 82.

[20] Jung estime que Goethe a "indignement simplifié" le diable (*op. cit.*, p. 102).

[21] *Ibid.* , p. 109.

de côté ; le respect des éternels droits de l'homme, l'acceptation de l'ancien et la continuité de la culture et de l'histoire de l'esprit[22].

Il se sent, grâce à Faust, en un secret accord avec le Moyen Âge[23].

Cinquante ans près son "apparition", le docteur Johannes Faustus est métamorphosé. Il est devenu la figure la plus originale de l'histoire littéraire de l'Allemagne. On comprend que Jung, pendant ses années de collège, ait reçu le *Faust* de Goethe[24] comme "un baume miraculeux" qui coula dans son âme. "Enfin, me dis-je, un homme qui prend le diable au sérieux et même qui conclut avec lui, l'adversaire, un pacte de sang, avec lui, qui a le pouvoir de contrecarrer l'intention divine de créer un monde parfait"[25].

À la fin, le «diable trompé» ne plaisait pas du tout à Jung. Méphisto n'avait pas obtenu le droit qui lui avait été "reconnu par écrit" et Faust, "ce compagnon hâblcur ct sans caractère", avait "poussé sa duperie jusque dans l'au-delà".

## AMBIGUÏTÉ DU MYTHE[26]

Après l'invention de l'imprimerie, la nouvelle machine avait besoin de matière pour s'alimenter. C'est

---

[22] P. 273.
[23] P. 109.
[24] Collection des grands classiques, Paris, 1927.
[25] *"Ma vie"*, p. 81.
[26] Vigny se trouve devant la même ambiguïté lorsqu'il s'intéresse au personnage de l'ange déchu. Il ne parvient pas à choisir nettement entre le génie du mal, le héros d'une juste révolte, le méchant malheureux et prêt au repentir. Les auteurs, écrivains et compositeurs, hésitent quant au choix générique. *La damnation de Faust* d'Hector Berlioz est, à l'origine, une "légende dramatique". *Cf. Le second Faust* (Hatier, 1953), et notre note n° 39.

l'époque où naissent, en Allemagne, des romans populaires[27]. Un récit anonyme, *Historia von Dr. Johann Fausten*[28], imprimé à Francfort, en 1587, par Jean Spies (ou Spiess) qui avait, vraisemblablement, compilé les histoires magiques qui circulaient dans le peuple, représente Johann Fauste[29] — qui vivait cinquante ans plus tôt — comme un grand savant aveuglé par l'orgueil et semblable aux géants qui voulaient escalader le ciel, se vantant de ressusciter les héros d'Homère[30]. Un chapitre se détache de ce vieux livre : il traite d'*Hélène* que, par conjuration, le professeur fait apparaître pour ses étudiants. Le démiurge tombe amoureux de la plus belle femme du monde et le diable qui ne peut rien refuser à son “maître” met dans son lit une personne répondant aux canons de la femme aimée des troubadours ! Cette bizarre confrontation érotique du charlatan du XVIème siècle avec l'hétaïre[31] royale de l'antiquité grecque a une origine lointaine : "Profond est le puits du passé? Ne devrait-on pas dire qu'il est insondable ?"[32]. Un "sondage" permet de relever que l'époque du déclin du monde classique et de la

[27] Le *Finkenritter*, par exemple, qui rappelle notre baron de Crac.

[28] Goethe connaissait la légende par ce livre populaire et par une pièce de marionnettes, leçon que retiendra Pierre Mac Orlan.

[29] Il semble que son nom ait été Georg Helmstätter, mais il se faisait appeler "Sabellicus", puis "Faustus". Dans son *Faust*, Goethe lui fait révéler quelques détails vraisemblables.

[30] Explication de l'évocation d'Hélène, dans *Le Second Faust*, de Goethe ? On se souvient que Faust revient de son voyage chez les Mères avec un trépied qu'il touche de sa clé magique : Hélène et Pâris sont visibles et vivants. Tout l'acte III est une imitation de la poésie grecque.

[31] Th. Mann n'oubliera pas ce nom !

[32] Th. Mann, *Joseph et ses frères*, I, Traduit par L. Vic, Gallimard, 1935, p. 7. — Voir C. Herzfeld, "Thomas Mann, *Joseph et ses frères (1933-1943)* : un mythe ouvert", in *Aden Paul Nizan et les années trente*, Revue du G.I.É.N., n° 3, Nantes, 2004.

lutte entre l'antiquité et le christianisme fut fertile en imposteurs. Parmi eux, Simon, originaire de Samarie. Jung raconte l'une de ses "expériences avec l'inconscient" :

> Tout d'abord apparut l'image d'un cratère et j'avais le sentiment d'être au pays des morts. Au pied d'un mur de rochers, j'aperçus deux personnages, un homme âgé avec une barbe blanche et une belle jeune fille. *[...]* Au cours des pérégrinations des rêves, on rencontre souvent *[...]* un homme âgé qui est accompagné d'une jeune fille.

Dans de nombreux récits mythiques,

> on trouve ce même couple. Ainsi, selon la tradition gnostique, Simon le sage a erré avec une jeune fille qu'il aurait ramassée dans un bordel. Elle s'appelait Hélène et passait pour une réincarnation de l'Hélène de Troie[33].

Jung ajoute que "Klingsor et Kundry, Laô-Tseu et la danseuse *[Salomé]* sont à évoquer ici"[34].

La ci-devant fille publique[35], Simon[36] la célébrait comme une divinité confondue avec Séléné, déesse de la lune[37] et avec Astarté, la grande mère amante. Pour

---

[33] C.G. Jung, *"Ma vie"*, *op. cit.*, p. 211. — Ce prénom d'Hélène se retrouve, non seulement dans le *Faust* de Goethe, mais aussi dans *Le docteurFaustus.*

[34] *Ibid.*

[35] Le Faustus du XVIe siècle est déjà considéré par l'Église comme un homme de mauvaises mœurs.

[36] *Cf.* Flaubert, *La Tentation de saint Antoine*, version définitive, *Œuvres complètes*, I, Éditions du Seuil, 1964, pp. 545 et suivantes.

[37] La forme du croissant a depuis longtemps été associée à la lune et, par conséquent, au principe féminin. Illustration : couronne de la déesse Ishtar, Babylone, IIIe siècle av. J.-C. (*L'Homme et ses symboles*, *op. cit.*, p. 276).

impressionner les foules, il aurait tenté de s'envoler et aurait trouvé la mort dans cette tentative insensée[38].

SIMON

Simon revit dans un roman du début de l'époque chrétienne, *Recognationes*, qui raconte que Simon, dans sa fuite avec Hélène, prit le nom de Faust. En 1526, le roman fut réédité. Geog Helmstätter le lut et il se donna aussitôt pour la réincarnation de Simon et, pour faire bonne mesure, se dota, pour les besoins de cette reconduction mythique, d'une indispensable compagne du nom d'Hélène.

ÉDIFIANT

Empreint de l'esprit de la Réforme[39], le livre de Spies[40], quant à lui, raconte le pacte de Faust avec le diable qui personnifie les vices[41] et le montre parcourant l'Europe sur le cheval ailé ou sur le manteau de Méphisto[42].

---

[38] *Cf.* le passage de *Faust*, "La Promenade de Pâques", où le héros parle à Wagner de la joie de l'envol.

[39] Morale de l'histoire : un homme qui ne croit pas au Christ et à la Sainte-Écriture est un homme perdu.

[40] Remanié, en 1599, par Georges Widmann, augmenté, en 1674, par le médecin Pfitzer, et abrégé, par un anonyme, en 1728.

[41] Le livre appartient à la *Teufellieratur* qui personnifie et incarne les vices dans des diables. Les *moralités* médiévales mettent en scène des personnages allégoriques ; elles ont pour objet l'édification morale.

[42] Dans *Le Second Faust*, lorsque Hélène embrasse Faust et que son corps s'évanouit, le héros est emporté dans l'éther par les vêtements et le voile d'Hélène.

Un ouvrage plus complet parut quelques années après : *Histoires véridiques et des horribles péchés du célèbre nécromancien Docteur Johannes Faustus..*

## PERVERS OU RÉVOLTÉ ?

Cette histoire est traduite en français et en anglais. Et, en 1590, Christofer Marlowe donne déjà de Faust, dans son *Histoire tragique du docteur Faustus* , l'image d'un héros révolté : la légende[43] est devenue drame[44]. C'est que Marlowe, l'athée enivré des progrès du savoir humain, devait souvent, trop près de la foi pour l'indifférence, ressentir l'épouvante de ses blasphèmes. Il a traduit en accents poignants l'effondrement de son héros qui s'était cru soustrait à sa dette, c'est-à-dire aux lois du monde. On s'explique ainsi que les dernières scènes de son *Faust* (que le *Faust* de Goethe n'a pas égalées) figurent parmi les plus pathétiques du théâtre de la Renaissance.

D'autres pièces suivent, qui adaptent cette histoire, et sont jouées en Allemagne.

Mais, au commencement du XVII^e^ siècle, l'écrivain Pfitzer présente encore l'aventure de Faust comme un avertissement au monde pervers.

## LIBERTIN

Vers le milieu du XVIII^e^ siècle, le ton change : il n'est pas question de condamner les audaces de la pensée.

---

[43] Faust évoque les esprits du passé et obtient la vision de l'Hélène grecque (*cf. Le Second Faust* de Goethe).

[44] Le vers blanc aux puissantes sonorités sera le langage de la passion dramatique.

Faust devient le digne représentant de la penée de cette humanité qui poursuit son but sans se lasser et dont la grandeur réside dans cet effort même.

## LE SURHOMME

Le pacte sacrilège de Faust exprime un rêve de surhomme, d'alchimiste visant à dominer le monde. De ses lectures relatives au personnage de Faust, Jung tire la conclusion que le deuxième *Faust* est plus qu'un simple essai littéraire. Il serait, selon lui, un chaînon de l'*Aurea Catena Homeri* (1723), de cette "Chaîne d'or" qui, depuis les débuts de l'alchimie philosophique jusqu'au *Zarathoustra* désigne une succession d'hommes sages qui, à commencer par Hermès Trismégiste[45], relient la terre au ciel.

Vers 1770, le *Sturm und Drang* ("Tempête et élan"), expression empruntée au titre d'une pièce de Klinger, se veut un mouvement de rupture avec le passé. Il prône, entre autres, les droits de l'individu. C'est ainsi que Klinger, par exemple, est séduit par Faust et écrit un roman : *Faust, sa vie, ses œuvres et sa descente aux Enfers* (1791).

## FIGURE MYTHIQUE

Et Faust prendra, grâce à Goethe, le prestige et la profondeur d'un type universel d'humanité :

[45] Voir notre thèse de doctorat d'État : *Les Formes de la rêverie dans l'œuvre d'Alain-Fournier. Visage du "Grand Meaulnes" et figure du Trismégiste*, Éditions du Septentrion, Villeneuve-d'Ascq, 1986, et *Présence d'Hermès chez Hermann Hesse*, Publications numériques de l'Université d'Angers, 2000.

> Le secret de Goethe est d'avoir été empoigné par le lent mouvement d'élaboration et de métamorphoses archétypiques qui s'étend à travers les siècles. Il a ressenti son *Faust* comme un *opus magnum* ou *divinum*.

C'est pourquoi

> il se trouvait dans le vrai quand il disait que *Faust* était sa principale affaire". *[...]* On perçoit de façon impressionnante que c'était une puissance vivante qui agissait et vivait en lui, celle d'un processus suprapersonnel, le grand rêve du *mundus archetypus*[46].

En 1775, déjà, une esquisse de *Faust*, l'*Urfaust*, le *Faust* primitif, atteste la prégnance du personnage sur son esprit. Dans les notes pour son autobiographie, *Poésie et Vérité*, Goethe fait allusion à des archives qu'il constitua à l'âge de vingt-cinq ans. Il est curieux de penser que l'œuvre qui allait devenir un poème pour l'humanité était mêlée, sous une même couverture, à des essais qui ne connaîtraient pas un tel avenir. En 1790, malgré les ajouts et les corrections, c'est encore un fragment que produit Goethe : il s'intitule, d'ailleurs, *Faust, Fragment.*

## ÉQUILIBRE INSTABLE

Ambiguïté du mythe, disions-nous. Gilbert Durand parle d'*hérésie* (de *erein* = choisir une seule voie) à propos de la déformation du mythe de Prométhée. Hérésie entraînant la disparition d'une série d'autres mythèmes, supprimée : c'est un *schisme*. Prométhée, le voleur de feu, le donateur (généreux et martyr) aux hommes, voit son

---

[46] C.G. Jung, *"Ma vie...", op. cit.*, p. 240.

mythe perdre ses mythèmes de générosité, d'altruisme, d'esprit de sacrifice. Reste alors l'égoïsme de Faust ou de Don Juan. Mais où est la *normalité*[47] ? Y a-t-il place pour un mythe "moyen" ?

Ambiguïté de Méphisto et de Faust dans sa conception, devons-nous ajouter. Comme celle de son "acolyte" démoniaque, la figure de Faust, ou plutôt la pièce où elle apparaît, n'est pas immuable en raison de "l'instabilité de l'esprit du temps"[48]. La pièce est bien censée se passer au XVI^e^ siècle, mais elle retombe à chaque instant dans la mentalité du siècle de son auteur, le XVIII^e^.

Dans le *Prologue au Ciel*, qui ouvre le drame, Dieu, certain que Satan échouera, l'autorise à tenter de précipiter Faust vers l'abîme. Dans *La Nuit de Walpurgis*[49], Faust est mené, fasciné, au sabbat des sorcières[50]. Après avoir abandonné Marguerite, il est emporté par Méphistophélès.

## L'AUBERGE ESPAGNOLE

Dans le *Faust* définitif, résultat, sur les conseils de Schiller, de remaniements, sont certainement exprimés des

---

[47] *Cf.* C. Herzfeld, "Mythodologie et roman (*Le Grand Meaulnes*)", in *Recherches sur l'imaginaire*, Tome 1, Cahier XXVII, Université d'Angers, C.R.L.L.A.B., 1997.

[48] Th. Mann, "Sur le *Faust* de Goethe", in *Noblesse de l'esprit*, Traduit de l'allemand par Fernand Delmas, Albin Michel, 1960, p. 112.

[49] Le mot *Nekyia* (issu d'un mot grec qui signifie "cadavre") est "une dénomination appropriée pour indiquer une descente au royaume des morts comme dans le *Faust*" de Goethe (C.G. Jung, *"Ma vie..."* , *op. cit.*, p. 122).

[50] Dans *La mort à Venise*, Aschenbach, lors d'un rêve, asssiste aussi au spectacle d'une fête dionysiaque et infernale, avec possédés cornus, danses et gesticulations. — C.G. Jung et Ch. Kerényi, *Introduction à l'essence de la mythologie*, Payot, 1974.

sentiments personnels de l'auteur, ce Titan qui, en 1775, s'élevait contre Dieu : "Faust et Méphistophélès sont des expressions dialectiques de la personnalité du poète"[51].

Comme son héros, Goethe a tâché de pénétrer les secrets de l'alchimie et reconnu la vanité de la science. Mais, à la différence de Faust, il a su se modérer.

On comprend que Berlioz ait été puissamment inspiré par le drame de Goethe.

## LA QUÊTE DE L'ABSOLU

Au cours du XIXe siècle, de nombreuses créations sont là pour attester la prégnance du mythe sur les esprits romantiques : le pacte dissimule alors le dessein d'accéder à l'absolu par des voies illicites. Grandeur de l'acte pour le plus grand malheur du contractant.

## INFLÉCHISSEMENT[52] OU MUTATION ?

Mais, depuis le XXe siècle, les perspectives ont changé et Faust le démoniaque devient une figure mythique, archétype culturel de l'homme moderne, et le mythe littéraire est le résultat de l'élaboration d'une donnée archétypique, l'écrivain, par un style qui lui est propre,

---

[51]*Noblesse... , ibid.*, p. 94.

[52] Gilbert Durand s'intéresse aux *fluctuations* d'un mythe originel, ce qui ne l'empêche pas d'affirmer que le mythe, c'est l'ensemble de ses versions ! Danièle Chauvin écrit que "la quête du mythe d'origine est aussi vaine, certainement, que la quête de l'origine du mythe ; le mythe n'est pas une donnée initiale et primordiale dont seraient tributaires toutes les leçons extérieures" ("Mythocritique et hypertextualité", in *Mythe et modernité, Iris*, n° 13, Université de Grenoble, 1993, p. 58).

dégageant des significations multiples qui sont de nature à exprimer un état d'esprit. C'est ainsi que l'âme même du romantisme européen se découvre dans la révolte de l'individu[53], du paria[54] contre tout ordre imposé du dehors. Mais plus que l'apprenti sorcier, plus que le premier fratricide, ce serait Prométhée qui aurait su incarner la rébellion romantique[55].

Prométhée mal enchaîné[56], Sauveur suprême qui se... promet et nous promet des lendemains qui rient et des surlendemains qui pleurent. Le mythe se voudrait alors "idée-force" et, malgré la chute du Mur de Berlin qui dit la faillite de soixante-dix ans de "socialisme dans un seul pays", paradis "potemkine" en carton-pâte, le progressisme mystificateur, ruse de Satan[57], subsiste, pour une bonne part de l'humanité en tout cas.

---

[53] *Cf.* le *Caïn* de Byron, où l'action dépasse la réalité et l'histoire, le drame mettant aux prises la conscience et la pensée modernes avec le pensée traditionnelle. Les contemporains ont qualifié la littérature de Byron et de ses disciples d'"école satanique". En fait, le héros de Byron incarne, non plus une victime du Destin que le remords accable ("L'œil était dans la tombe..."), mais le doute, la révolte, le pessimisme, l'ensemble des interrogations (mythologèmes) et des négations passionnées — qui sont celles de Byron lui-même — à partir desquelles se dessine le "mal du siècle".

[54] Caïn se fait l'accusateur de Dieu et le dénonciateur de sa cruauté (*cf.* les déclarations d'Oreste, dans *Les Mouches* de Sartre).

[55] Faust, Caïn et Prométhée pourraient être réunis à la rubrique : "titanisme", mot qui implique cette violence qui caractérise l'homme faustien de Spengler.

[56] *Cf.* l'œuvre de Shelley, parue un an avant *Caïn.*

[57] Rappelons l'autre ruse de Satan : faire croire qu'il n'existe pas. Il y a les imposteurs, gourous et autres, et ceux qui ne demandent qu'à se tromper eux-mêmes. D'ailleurs, le diable semble ne plus croire à lui-même, bien que l'on puisse constater que "les hommes n'ont rien gagné à la disparition du diable" ("Sur le 'Faust' de Goethe", in *Noblesse de l'esprit..., op. cit.*, p. 106).

## PROMÉTHÉE PAS MORT

Pourtant, sauf dans nos pédagogies scientistes et positivistes, le prométhéisme a du plomb dans l'aile et la figure de Prométhée sort un peu décatie de sa confrontation avec ses avatars : Staline, Trotski[58], Mao et autres Pol Pot... Et si Dionysos tend à s'institutionnaliser, il devrait y avoir place pour Hermès, dans nos Universités, tout au moins.

## HERMÈS[59] EXALTÉ

Il est significatif que les révolutionnaires des romans de Malraux échouent. Les mythes de la révolte cèdent peu à peu le pas, chez les physiciens, les astronomes, les biologistes, les psychologues, les sociologues... aux mythes hermésiens de la connaissance de soi et du monde.

## LES HÉROS ET CEUX QUI LES FABRIQUENT

La psychologie des profondeurs pratiquée par Jung permet de dépasser le "cas Faust" pour envisager la

---

[58] Ne pas oublier la répression, par ses soins, de l'insurrection des marins de Cronstadt.

[59] *Cf.* C.G. Jung, *L'Homme et ses symboles*, *op. cit.*, p. 198 : "Le Soi, dans les rêves masculins, prend souvent la forme du 'vieux sage'". Illustration du propos : l'enchanteur Merlin des légendes arthuriennes (manuscrit anglais du XIV$^{e}$ siècle), un gourou (peinture indienne du XIV$^{e}$ siècle), un gourou (peinture indienne du XIV$^{e}$ siècle et la représentation, par Jung, d'un personnage qui lui apparaît en rêve : un vieillard ailé muni de clés et qui incarne une "compréhension supérieiure". Chez Peter Birkhäuser, le Soi apparaît comme jeune et merveilleux" (*ibid.*, p. 199).

problématique du héros en général. On distinguera quatre stades distinctifs dans l'évolution du mythe du héros : celui du *Trickster*[60], dominé par ses appétits. Le second stade dans le développement est celui de fondateur de culture humaine[61]. Le héros, au troisième stade, est un homme - dieu qui a reçu la lumière[62]. Mais, au quatrième stade, le héros peut abuser de son pouvoir[63].

## LA BEAUTÉ DU DIABLE

Denis de Rougemont a retrouvé, d'une manière convaincante, Tristan et Iseut sous les traits de Humbert-Humbert et de Lolita[64], bien que le propos de Nabokov fût surtout de brosser un portrait en action de la *nymphet* :

> Il advient parfois que de jeunes vierges, entre les âges limites de neuf et quatorze ans, révèlent à

---

[60] Illustrations (*ibid.*, pp. 112-113) : en Chine, au XVIe siècle, le héros épique est le Singe que l'on voit ici (spectacle de l'Opéra de Pékin) amener par ruse un roi du fleuve à abandonner sa baguette magique (*ibid.*, p. 113) ; Hermès enfant dans son berceau après avoir dérobé les troupeaux d'Apollon (vase du VIe siècle avant J.-C.) ; le dieu nordique Loki, le fauteur de désordres (sculpture du XIXe siècle) ; Charlie Chaplin dans *Les Temps modernes* (1936), semant du désordre.

[61] Illustrations (*ibid.*, p. 114) : peinture Navajo du mythe du Coyote, qui dérobe le feu aux dieux pour le donner à l'homme ; Prométhée a fait de même ; aussi fut-il attaché à un rocher et torturé par un vautour (coupe du VIe s. av. J.-C.).

[62] Illustrations (*ibid.*) : Siddharta (*cf.* le roman de H. Hesse) commence le voyage au terme duquel il deviendra Bouddha (sculpture du Ier siècle).

[63] Illustrations (*ibid.*) : Castor et Pollux (*cf.* Remus et Romulus, sculpture médiévale italienne) enlèvent les filles de Leucippe (tableau de Rubens).

[64] Vladimir Nabokov, *Lolita*, Gallimard, 1959, roman dont on a tiré, à ma connaissance, deux films !

> certains voyageurs ensorcelés, qui comptent le double ou le quintuple de leur âge, leur nature véritable, — non pas humaine, mais nymphique, c'est-à-dire démoniaque ; ce sont ces créatures élues [dit] le narrateur que je me propose de désigner sous le nom générique de "nymphettes"[65]. (p. 21)

Mythe manifeste ou latent ?

Humbert Humbert ne décolle pas du "premier stade", mais force est de constater que Lolita est devenue, à son tour, après l'enfant-femme de Breton, un mythe. Au grand dam, sans doute, de l'auteur des *Mythes de l'amour* qui déplorait[66] l'utilisation, c'est-à-dire, selon lui, la profanation du mythe en littérature, puis sa dégradation en sous-littérature. D'autres parlent de "littérature au second degré" réputée "livresque", certains ne veulent voir dans le mythe et ses dérivés qu'une manifestation de la "folle du logis" (Malebranche) et d'aucuns opposent "*novel* réaliste" et "roman *romanesque*"[67]. On se refusera à minimiser le poids du réel dans les œuvres qualifiées de "savantes" — péjoration garantie — : le *Docteur Faustus* n'est pas plus éloigné du réel que *Madame Bovary.*

"Dégradation du mythe" ? "Fluctuations", plutôt.

Fluctuations. Le cinéma, qui s'empare si fréquemment des mythes[68], pour le meilleur et pour le

---

[65] *Op. cit.*, p. 21.

[66] *L'Amour et l'occident* (1939), U.G.E., 1962.

[67] Terminologie proposée par Gérard Genette, in *Figures V*, Seuil, 2002.

[68] Dans *L'Associé du diable*, film amércain de 1997, réalisé par Taylor Hackford, Kevin Lomax-Faust, marié à Mary Ann, reçoit une proposition d'embauche d'un grand cabinet d'avocats de New-York, ville que les baptistes et autres surnomment la "nouvelle Babylone" que dirige John Milton (!), Satan. Arriviste, Kevin accepte et gagne des procès pourtant perdus d'avance : le sang répandu par les assassins qu'il fait acquitter lui vaut luxe et fortune. Ici, le démon est celui de la vanité, selon la version française, disons "l'orgueil" puisque l'on

pire, ne pouvait manquer celui de Faust[69], principalement sous l'Occupation et l'immédiat après-guerre, période pendant laquelle les Français avaient besoin, comme les prisonniers de guerre, d'*évasion*… dans la fiction. Mais ce sont les effets néfastes du Progrès[70] qui constitueront l'un des thèmes majeurs de *La Beauté du diable*, film de 1951, sorti, donc, peu après la parution du *Docteur Faustus*. Le Faust libertaire et enjoué[71] (après transformation !) de cette "tragi-comédie"[72], de René Clair[73], est bien sympathique. Dans le cabinet de Henri Faust[74] encombré d'athanors, de flammes et de livres, Méphisto-Michel Simon[75] donne la jeunesse[76] à Faust-Michel Simon qui constate, en se regardant dans le miroir[77], qu'il a pris les traits de Satan-Gérard Philippe. En balayant "l'officine", le domestique (il ne s'agit pas d'une sorcière déguisée),

---

apprendra que Milton est le père de Kevin et de sa demi-sœur, la séduisante Christabella, ça ne s'invente pas, ou plutôt, si !

[69] *Cf. La Main du diable*, 1943, de Maurice Tourneur, d'après Gérard de Nerval. La figure mythique de Satan (*Les Visiteurs du soir*, 1942, de Marcel Carné), en ces années d'Occupation, nous vaut une renaissance, sans lendemain, du cinéma fantastique.

[70] Les risques du métier d'apprenti-sorcier.

[71] Rira bien qui rira le dernier.

[72] Toujours la même incertitude *générique* (et quand il s'agit d'un film…).

[73] Et Armand Salacrou.

[74] Henri va être honoré pour les cinquante ans de son sacerdoce universitaire.

[75] Il affirme qu'il n'est pas si méchant que ça. D'ailleurs, il n'est qu'"un lieutenant de Lucifer".

[76] Un seul secret : le secret du plaisir.

[77] Le miroir permet à Méphisto de faire défiler devant les yeux de Faust les images de l'avenir : le Prince empoisonné par Méphisto pour permettre à Faust de forniquer, en toute liberté, avec la Princesse, la transformation du monde — pour le meilleur et pour le pire — grâce à la Science… — C'est devant un miroir que Hitler mimait ses discours.

recueille un livre et tombe sur un portrait de Satan[78] : il se signe comme s'il avait vu le Diable en personne. Séquence suivante : sur la place, arrivent des saltimbanques au nombre desquels figure Marguerite…

À la fin du film, on voit Méphisto, cerné par la foule et abandonné par Satan, se jeter par la fenêtre : le pacte part en fumée.

## THÈMES & VARIATIONS

Subsiste donc le "noyau dur" du mythe, tel que l'on peut le subsumer en comparant ses diverses versions[79]. Robert Baudry[80] a su dégager les lois qui président à ce que G. Durand et Chaoying Sun[81] appellent les "variations", les "fluctuations"[82], les "dérivations" du mythe. Celui de Faust échappe à la "règle". Sa signification n'est ni constante ni invariable, mais sujette à d'incessantes métamorphoses. À la prochaine ! Pour l'heure, à notre époque de monde vide et sans Dieu, le Diable est *vidé*[83] : on tente d'éluder la puissance du Mal ou on tente de la nier. Alors vaine entreprise d'un Faust faussement rassurant et pitoyable, fascinant et aliéné, symbolisant encore et toujours l'angoisse afférente à la condition humaine. Faut-il conclure à la fausse dénomination du mythe ? Ce Faust terminal ressemble

---

[78] L'*image* de Satan cornu s'imposait : nous sommes au cinéma.
[79] *Cf.* Gilbert Durand, *Figures mythiques et visages de l'œuvre*, Berg international, 1979.
[80] *Graal et littératures d'aujourd'hui*, Terre de Brume Éditions, Rennes, 1998.
[81] *Thèmes, mythèmes et variations*, Desclée de Brouwer, 2000.
[82] G. Durand parle aussi de "traitement" et de "réemploi" dans son *Introduction à la mythodologie*, Albin Michel, 1996.
[83] Au sens argotique, également ?

bougrement à Sisyphe… Tel un train dont on signale — au piéton s'apprêtant à emprunter le passage à niveau — qu'il peut en cacher un autre.

## RENVERSANT !

Bien avant les "mythodologues", Ernst Bloch avait parlé du "renversement de fonction du mythe"[84].

## MYTHE PERSONNEL

Toujours est-il que, dans ce matériau malléable, chacun peut puiser pour bâtir son mythe personnel[85].

---

[84] L. , p. 335 (24-XII-47).

[85] *Cf.* Charles Baudouin, *Psychanalyse de Victor Hugo*, Éditions du Mont-Blanc, 1943.

THOMAS MANN & LE *FAUST* DE GOETHE

"Celui qui s'est évertué sans trêve" (*Faust*)[86]

## GOETHE. — LE GÉNIE DE LA JEUNESSE

Julien Gracq a remarqué que "*le Faust de Goethe*" appartenait à "*un monde* de grosses nébuleuses, *grosses à l'infini de planètes nouvelles*"[87] et Th. Mann met en lumière "ce phénomène mémorable que, dans le *Faust*, le génie de la jeunesse s'arroge le droit de représenter l'humanité et que tout un monde, l'Occident, a admis cette prétention et reconnu dans la figure de Faust le symbole de son essence la plus intime"[88]. On pense à la marginalité du grand Meaulnes[89] qui correspond au caractère indomptable de l'adolescent et à sa quête de l'absolu, sa haine des compromissions, et à la vie "sauvageonne" du héros de Fromentin — écrivain si proche des romantiques allemands —, Dominique[90]. Dans "son titanisme lancé à l'assaut du ciel, la jeunesse est bien l'expression de ce l'âge de la mesure, l'âge apaisé appelle le manque de maturité

[86] Cité par Th. Mann in *Les Buddenbrook, le déclin d'une famille*, Traduit de l'allemand par Geneviève Bianquis, Fayard, 1965, p. 617.

[87] *Le Roi Pêcheur*, José Corti, 1948 (pièce créée en 1949), préface, p. 14.

[88] *Noblesse de l'esprit, op. cit.*, p. 102. — Voir "Présentation de Goethe à la jeunesse polonaise", in *Les Maîtres*, Grasset, 1979, et *Goethe & Tolstoï*, Payot, 1967.

[89] Alain-Fournier, *Le Grand Meaulnes*, avec introduction, notes et variantes par C. Herzfeld, ilustration, Nizet, 37510 Saint-Genouph, 1983. — Voir notre thèse de doctorat d'État : *Les Formes de la rêverie dans l'œuvre d'Alain-Fournier. Visage du "Grand Meaulnes" et figure du Trismégiste*, Septentrion, Villeneuve-d'Ascq, 1986.

[90] Fromentin, *Dominique*, avec introduction, notes et variantes par Pierre Barbéris, GF- Flammarion, 1987.— Voir notre thèse de doctorat de littérature : *"Dominique" de Fromentin, Thèmes et structure*, Nizet, 37510 Saint-Genouph, 1977.

de la jeunesse"[91], truisme "consolatif" des gens "arrivés" et dont la pertinence n'échappera à personne !

## UNE FIGURE MYTHIQUE POPULAIRE

Et Th. Mann, le grand ironiste, de relever que, "[e]n l'adolescent qu'il est, le poète de Faust voit la part de Dieu dans le besoin d'absolu et dans l'ironie la part du diable"[92]. Quant à Méphistophélès, autocorrection ironique du "titanisme juvénile" de Goethe, Trickster à ses heures (comme chez Mac Orlan), il est devenu, "en dépit de son intellectualité et bien qu'elle aille jusqu'à se détruire elle-même par sa propre ironie"[93], une figure mythique populaire.

## PESTIFÉRÉ

Le nom de Méphisto s'accompagne de l'adjectif qui lui correspond : "méphitique, soufré, qui empeste". Ce "sale individu", ce "malpropre" n'est-il pas "le seigneur de la vermine, des rats[94], des souris, des mouches, des grenouilles, des punaises et des poux"[95] ? Cette autorité qu'il exerce sur "la partie la moins appétissante de la création ; la sympathie qu'il a pour elle ne fait qu'exprimer

---

[91] *Noblesse... , op. cit., ibid.*
[92] *Ibid.*, p. 104.
[93] pp. 104-105.
[94] C. Herzfeld, "Les racines anthropologiques de l'imginaire dans le *Dracula* de Bram Stoker", in *Les Vampires, op. cit.*, Actes du colloque de Cerisy, Albin Michel, 1993.
[95] *Noblesse... , op. cit.*, p. 105.

sa négation de la création et de la vie même, son nihilisme"[96].

## FORNICATION

S'il est un domaine où le diable triomphe, c'est bien dans celui de l'amour : c'est là qu'il peut remplir sa tâche, au mieux, c'est-à-dire exploiter ce qu'il y a de plus noble en l'homme et l'orienter dans le sens de l'ig-noble. C'est dans l'amour que s'épanouit "la jeunesse de l'homme, où se mêlent, de façon exemplaire, en un symbole de la condition humaine, la vie de l'âme et la vie animale, ce qu'il y a en nous de divin et ce qui est conforme à la nature"[97].

## EN AVANT, LA MUSIQUE !

Ange et démon. Le *Faustus* de Th. Mann place l'antinomie — elle n'épargne même pas la musique[98] — de l'esprit allemand (un nommé Tillich a envoyé à l'écrivain "un article très digne d'être lu sur la philosophie existentielle") :

> Il est inhérent à la *self-pity* allemande (contrepartie de la brutalité), d'avoir toujours à portée de main le "tragique" et le "démoniaque" lorsqu'il s'agit de notre incapacité d'établir avec la vie des rapports sains, salutaires pour nous et pour autrui[99].

---

[96] *Ibid.*
[97] p. 121.
[98] Malgré les dénégations de Th. Mann.
[99] L., p. 87 (15-8V-44).

Dans ce qu'il appelle "une biographie fictive" et où il cherche à "englober l'époque" à laquelle il a vécu, "la modération de celui qui tient la plume et le démonisme du sujet se conjuguent en un curieux mélange"[100].

## ÊTRE OU NE PAS ÊTRE

Le nihilisme satanique, "la critique de la vie telle qu'elle est, et déjà parce qu'elle est"[101], n'est pas entièrement étrangère à Goethe.

## DOUTE

En tournant son nihilisme contre lui-même, Satan traite sa propre existence comme "une superstition affaiblie par la philosophie des Lumières"[102] et, de la sorte, accordée à son temps. Faut-il, dans ces conditions, parler *du* Diable ou d'*un* diable ? ou, suprême habileté de Satan, pas de Diable du tout ("Est-ce la peine de demander si j'existe réellement ?", p. 260). Signe qui ne trompe pas : "Je fais ce que je dis" (p. 241). Mais le lieu de l'apparition de Satan, le "pays welsche" — autant dire romand —, pose problème : "À Wittemberg, au Wartburg, voire à Leipzig, vous auriez eu pour moi quelque vraisemblance" (p. 241).

Faust considère comme "probable" qu'il "couve la maladie" (Satan a prédit : "Ta maladie éclatera", p. 240), conteste l'existence de Satan : "Je ne vous vois que parce que je veux voir en vous la source de ce malaise" (*ibid.*).

---

[100] L., p. 331 (12-XII-47).
[101] *Noblesse..., op. cit.*, p. 106.
[102] P. 107.

Jung y verrait un phénomène "endopsychique", c'est-à-dire intérieur à la psyché ("Vous dites des choses qui sont en moi et viennent de moi, non de vous", p. 260), non une "intervention psychique"[103]" à laquelle croyaient les Grecs anciens.

## MÔMERIE ?

Il reste que Méphisto semble se conformer à ce que la démonologie médiévale nous apprend de lui. Il a les cheveux roux, "des cils, eux aussi roux cernant des yeux rougis, un visage blafard, le nez arqué, un peu de guingois" (p. 239).

Second degré ?

Il tient à ce que la signature soit apposée au bas du pacte[104] avec du sang, ce que Faust considère, avec un souverain mépris, comme une "mômerie"[105].

Rire satanique, rire "apprêté", un rire d'acteur. "Son ton est affecté et nasillard" (D.F., p. 240).

Le Tentateur est "calme et persuasif" (*ibid.*) : "Tu es appelé à renverser ces obstacles, tu t'élèveras au-dessus d'eux jusqu'à une vertigineuse admiration de toi-même (D.F., p. 259).

Valorisation du Mal : la vie "n'a cure de morale" (p. 260).

Doute de compositeur qui amène cette remarque de Satan : "M'est avis qu'en musique le diable devrait s'y connaître un peu" (D.F., p. 289)

---

[103] Notre article : "Écriture de la possession dans *La Malvenue*", in *Seignolle et le fantastique*, Textes réunis par Roger Bozzetto et Jean Marigny, Éditions Hesse, 2002.

[104] Par ce pacte, Faust promet seulement au démon de se charger des joies et des douleurs de l'humanité.

[105] *Noblesse...*, p. 108.

## FILLE DU PEUPLE

Le séducteur fera la conquête de Marguerite — suprême dilection de l'érotisme goethéen que cette conquête de la petite fille du peuple[106] — grâce à des "artifices magiques" et ne renoncera que très tard à la magie, magie dont il considérait pourtant, depuis fort longtemps, les pratiques comme des "simagrées grotesques"[107].

## DÉFI

C'est donc avec cette passion absolue qui l'avait fait désespérer de la science, qu'il se voue au diable et s'abandonne à la jouissance, tout en sachant que son besoin d'infini ne pourra pas plus être satisfait par elle qu'il n'a été comblé par la connaissance. Il ne se laissera pas *tromper* par la jouissance, tel est le défi qu'il lance à la volupté, comme il l'avait fait auparavant à l'esprit.

## L'AMOUR

On s'étonne à peine, dans ces conditions, que "les exploits et les méfaits du grand charlatan" ne trouvent place nulle part dans la première partie. L'aventure de Marguerite tient lieu de tout autre événement. L'épisode occupe le terrain et les grands projets faustiens, telle la recherche du sens de la vie, s'en trouvent sous-

---

[106] Quel beau sujet pour un peintre : *La Beauté séduite par l'Esprit et succombant à sa puissance* ! En fait, Goethe s'insurge contre la cruauté avec laquelle la société punit la beauté séduite.
[107] *Noblesse...*, p. 113.

dimensionnés. Qui s'en plaindrait ? En effet, cette amplification du thème eut pour résultat "le plus beau, le plus intime, le plus délicieusement triste des drames de langue allemande et peut-être de la poésie universelle, se déroulant avec le naturel le plus vrai, le plus simple et le plus ému"[108].

## LE CHEF D'ACCUSATION

Marguerite est une figure d'une grâce impérissable dans son humanité, sa féminité, "sa pure spontanéité enfantine, sa tendresse, sa détresse et la catastrophe où elle succombe en victime expiatoire prend le sens d'un acte d'accusation"[109].

## L'OREILLE FINE ?

Une "parole de pureté" qui nous incline à devenir meilleurs semble ne pas devoir nous atteindre, à l'aube du XXIe siècle. Th. Mann nous conseille de tenir bon "à la confiance antidiabolique" : "[A]u fond, l'humanité a l'oreille fine […] et des mots qui, nés de notre effort, voudraient lui rendre service ne sombreront pas dans son cœur"[110].

Cette étude "Sur le *Faust* de Goethe", recueillie dans *Noblesse de l'esprit*, de l'auteur du *Docteur Faustus* (1947), date de 1938…

---

[108] P. 116.
[109] P. 117.
[110] P. 125.

## ÉRASME

Dans son roman, selon toute évidente, Th. Mann fait de Serenus Zeitblom, érasmien[111], son porte-parole. À noter que Th. Mann se sent "plus d'affinités avec Érasme qu'avec Goethe"[112].

## PORTE-PAROLE

La "politique" de Serenus Zeitblom, sa philosophie de la "pensée", "son *dégoût* de la vertu jacobine puritaine, son penchant pour la Russie révolutionnaire en 1919, puis son option pour l'Occident", tout cela "correspond assez exactement aux étapes" de la propre "évolution" de Th. Mann[113].

## VIE ET MORT D'ADRIAN

Serenus raconte[114], entre 1943 et 1945[115], la vie de son ami d'enfance, mort fou en 1940, le compositeur Adrian Leverkühn[116] :

---

[111] L., p. 46 (21-IV-43).

[112] L'histoire "passe par le truchement d'un chroniqueur à l'esprit tout à fait rationnel-humanitaire, et acquiert ainsi le rassérénement dont elle a besoin — et dont j'ai besoin" (*ibid.*.). Le narrateur "est "un professeur d'enseignement secondaire que les nazis ont mis à la retraite, et s'appelle le D$^{r}$ Phil. *Serenus* [c'est moi qui souligne] Zeitblom" (*ibid.*).
— L., p. 201 (3-XII-45).

[113] L., p. 334 (24.XII.47).

[114] "[I]l rédige ces pages de nos jours, en 1943, en Allemagne" (*ibid.*).

[115] "Le travail à mon roman [la déclaration de guerre de 1914] ce matin, a été tout juste à la limite de mes forces" (L., p. 186, 2-X-45).

> Mon souci va à Adrian Leverkühn et au problème de rendre *readable* les précisions musicales qui s'imposent. Il s'agit de choses comme de la polyphonie dans la musique instrumentable moderne.

### Véritable polyphonie ?

> Il ne s'agit pas d'une vraie polyphonie parce qu'il y manque son signe distinctif, la véritable autonomie des voix, comme dans l'ancienne musique vocale, seule est tentée une transposition du style polyphonique dans la technique de la basse continue[117].

## INTERFÉRENCE

Pour faire raconter par Serenus cette histoire d'une vie, Th. Mann s'est inspiré de la biographie de Nietzsche :

> [L]e roman, peut-être impossible, auquel je m'acharne depuis mai 1943 est au fond un roman sur

---

— "Le roman se déroule à présent [14.XII.45] pendant la première débâcle, en 1918, et ces souvenirs risquent de me faire dévorer de la ligne principale du livre. Sortir du sujet, c'est s'engager sur un terrain non artistique. Comme si je ne le savais pas !" (L., p. 204).

[116] Le roman peut être considéré comme une vaste réflexion sur la musique : "[J]'entrevois quelque chose d'assez sinistre et proche de la sphère théologique démonologique. [...] Le roman d'une inspiration pathologique scabreuse, dont le héros d'ailleurs doit être un musicien (compositeur) [...] [J]e compte demander conseil à Schoenberg" (Lettre du 6-V-43, adressée à Bruno Walter, L., p. 33). — "Ce soir, nous serons chez les Werfel avec Stravinsky, que je me propose de faire parler abondamment, lui aussi. Comment je vais équiper mon Adrian, du point de vue musical — phénomène comique, je n'en sais encore trop rien" (L., p. 55, 27-VIII-43). — "Je lis [...] la méthode d'harmonie de Schœnberg" (L., p. 68, 25-XII-43).

[117] L., pp. 71-72 (7-I-44).

> Nietzsche, et donc, lui aussi, il bagne un peu dans une atmosphère mystique, bien qu'il ne se déroule pas il y a trois mille ans, mais à l'époque de nos guerres, et traite en somme du caractère et du destin de l'Allemagne[118].

## DÉCADENCE(S)

Th. Mann constate qu'il écrit toujours des "histoires de déclin" :

> Mon premier roman en était une — tirée de l'aventure de Nietzsche ; et *Le Docteur Faustus* que vous lirez bientôt, est le premier véritable roman sur Nietzsche en regard duquel [mon essai] n'est que, un petit babillage[119].

Il définit son *Docteur Faustus* comme

> un livre vital, d'une brutalité presque coupable, une étrange sorte de biographie transposée, une œuvre qui m'a coûté davantage et m'a plus profondément consumé que toute œuvre précédente [...] et je crois que son émotion se fait jour, même aux passages les plus ennuyeux[120].

---

118 L., p. 200 (3-XII-45). — "En tant qu'œuvre de vieillesse, il offre une certaine parenté, d'ailleurs lointaine, avec le *Glasperlenspiel* (*ibid.*). — *Cf.* lettre à Hermann Hesse (25-XI-47) : "On voit combien l'action de cette 'incommensurable' est pure, haute, profonde, et l'on constate une fois de plus que rien, en somme, n'offre d'intérêt, sauf d'incommensurable. Le mot a d'abord été appliqué au de Goethe, pr lui-même, et il reste le modèle exemplaire auquel on pense, lorsque paraît un ouvrage ressortissant à cette catégorie exemplaire" (L., p. 323).

119 L., p. 336 (26-XII-47).

120 L., p. 320 (12-XII-47).

Il s'agira, dans ce roman, de "démonisme musical"[121] et, pour cette raison, bien qu'il écrive "certainement sur Wagner avec plus d'assurance et de justesse que sur Beethoven", ce dernier "ne pouvait pas ne pas figurer"[122] :

> En ce moment, j'imagine et compose pour mon musicien la "cantate symphonique" avec laquelle il fait ses adieux à la vie intellectuelle. "La Plainte du Docteur Faustus" (d'après le livre populaire), un hymne à la douleur, car la "joie" de la *Neuvième Symphonie* doit être effacée, et supprimée son annonciation[123].

Le "chant de détresse" de l'Allemagne est "impossible à chanter" :

> Pourtant, dans le roman de *Faustus*, j'ai essayé de le chanter *un peu* — et j'en suis tombé malade, j'ai eu un abcès au poumon et dû être opéré. Jamais un livre ne m'a ainsi rongé jusqu'à la moelle.

Ressemblances :

> Du point de vue artistique, c'était un peu quelque chose comme *Le Crépuscule des dieux* après les

---

121 Th. Mann, en mentionnant "Kaspar-Samiel", fait allusion au *Freischütz* de Weber : "Kaspar est le mauvais sujet de la pièce, ligué avec le diable qui débauche le brave ténor Max" (L., p. 318, 7-XI-47).

122 Th. Mann, *Wagner et son temps*, Le Livre de poche, 1978. — Th. Mann, "Richard Wagner et *L'Anneau du Nibelung*", in *Noblesse de l'esprit* , Albin Michel, 1960. — *Cf.* L., p. 237 (19-VI-46).

123 L. p. 269 (30-XII-46).

> intermèdes de *Tristan* et des *Maîtres Chanteurs*, — un travail sur des motifs transmis par le passé[124].

## MONTAGE

Mann s'adresse à Adorno pour lui confier que le roman qu'il est en train d'écrire est "peut-être impossible sous sa forme actuelle", mais qu'il a, pour lui, "quelque chose de passionnant". Il est amené à commenter, pour son correspondant, "le principe du *montage*" qu'il a adopté et qui "se déroule étrangement et peut-être de façon assez déplaisante à travers tout le livre[125] :

> Une singulière technique de *montage*, émouvante et jaillie de l'émotion comme le reste, s'est imposée à moi.

Il dit avoir pratiqué l'amalgame :

> [D]es fragments de réalité intellectuelle, — par exemple les détails empruntés à l'histoire des souffrances de Nietzsche et le thème des sonnets shakespeariens, mais aussi la réalité bourgeoise, des noms, des faits sont en quelque sorte collés sur la fiction — phénomène qui ne m'était jamais arrivé ni ne m'avait frappé sous cette forme[126].

Il s'agit donc d'incorporer au discours des éléments préformés, moyen de parvenir à la réalisation d'un roman total, le leitmotiv faisant apparaître, d'autre part, la cohésion interne d'un univers multiforme.

---

[124] L. p. 292 (6-VII-47).
[125] L., p. 209 (30-XII-45).
[126] L., p. 331 (12-XII-47).

## COLLAGE

Il lui est apparu "d'une manière mi-amusante mi-inquiétante" qu'il s'est servi "textuellement" des symptômes présentés par Nietzsche et qu'il les a "collés" dans son ouvrage, "reconnaissables à tout un chacun"[127]. Toutefois, à propos de l'épisode de l'infection syphilitique[128], il précise qu'il a pris plusieurs modèles et qu'il s'agit "d'une histoire ressortissant au domaine des destins de Maupassant, Nietzsche, Hugo Wolf, etc."[129].

## PRINCESSE LOINTAINE

Conformément aux besoins du montage, il a utilisé "le motif de la bien-aimée et admiratrice qui reste invisible", princesse lointaine, "la Mme de Meck de Tchaïkovski" : "Ce fait historique, et si connu soit-il, je le colle dans mon livre et je gomme les bords[130], je le laisse s'enchâsser dans la composition, comme un thème mythique absolument libre appartenant à tous". Th. Mann

---

[127] L., p. 209.

[128] "Ce que je lis ? […] [T]outes sortes de choses ayant trait à mon sujet dans le domaine médiéval", "des livres sur les maladies vénériennes" (*ibid.*). — De même, quand il s'apprête à évoquer la fin de Nepomuk, le neveu d'Adrian, il s'adresse même à un médecin, Frédérick Rosenthal, pour obtenir "quelques détails caractéristiques sur l'évolution (mortelle) de la méningite (de préférence la méningite cérébro-spinale) chez un enfant de cinq ou six ans" (L., p. 258, 28-X-46). — *Cf.* notre "Graal et phtisie", in *Du bon usage des maladies*, Textes réunis par Arlette Bouloumié, P.U. d'Angers, 2002.

[129] Lettre du 27-IV-43 (L., p. 30).

[130] Le "montage" est destiné à produire "une certaine spiritualisation de la matière mécaniquement assimilée" (L., p. 210, 30-XII-45) et rend aussi possible l'assimilation (c'est ainsi que la description du typhus dans *Les Buddenbrook* annonce indirectement la mort de Hanno).

explique que cette liaison est, pour Leverkühn, "un moyen d'échapper à l'interdiction d'aimer, à l'impératif de la froideur voulu par le diable"[131].

## LA VIE D'ARTISTE

Il s'agit essentiellement d'une histoire d'artiste, thème récurrent chez Th. Mann, et, plus précisément, de musicien :

> [L]e titre est en tout cas et dans toutes les langues le *Docteur Faustus* mais si possible il faudrait ajouter un sous-titre comme en allemand ; c'est-à-dire, si c'est possible en anglais. Je le répète ici "La vie du compositeur allemand Adrian Leverkühn, racontée par un ami"[132].

Ce thème "musical", récurrent chez notre écrivain, est appelé par la conviction de Th. Mann que l'artiste est l'homme des "excès dans les deux sens", des outrances qui font d'eux des exceptions[133] : "Il leur est très normal de faire craquer un peu les cadres" (D.F., p. 246). Satan donnera le coup de pouce nécessaire pour que le musicien puisse s'élever au dessus du commun des mortels.

L'inspiration diabolique marque l'œuvre d'Adrian, un peu, voire beaucoup. Bon nombre de mélomanes parlent, à son endroit, de barbarie et d'absence d'âme. Sont-ils bons juges ? Satan, lui-même, est "d'avis qu'en musique le diable devrait s'y connaître un peu" (D.F., p. 259).

---

[131] L., p. 209 (30-XII-45).
[132] L., p. 317 (7-XI-47).
[133] *Cf.* l'œuvre de Karl Jaspers.

Énigme pour le commun des mortels, l'artiste, cet être à part, "qui pourrait déchiffrer l'essence et l'empreinte spéciale" de son âme ? "Comment analyser le profond amalgame du double instinct de discipline et de licence dont sa vocation se compose ?"[134].

Histoire d'un compositeur, le roman sera donc une partition littéraire : "[J]e me suis toujours entendu à faire de la musique en littérature, me suis senti à moitié musicien, j'ai transposé dans le roman la technique de la texture musicale"[135].

## ALLÉGORIE

Cette histoire est aussi une allégorie de l'Allemagne : "Je travaille de nouveau au roman mélancolique qui au fond a aussi l'Allemagne pour sujet"[136]. Sur le point d'achever son œuvre, son "roman-monstre"[137], Th. Mann-Faustus constate que, "pour avoir trop voulu pénétrer dans le temps, l'art et la souffrance de l'époque, et la détresse de l'art", le *Docteur Faustus* a pris des dimensions "considérables"[138]. Ne le fallait-il pas pour évoquer le triomphe du Chaos : folie d'Adrian, capitulation de l'Allemagne ? Adrian ne tire-t-il pas un oratorio de l'Apocalypse[139] ?

---

[134] *La Mort à Venise* (Fayard, 1947), Le Livre de poche, 1965, P. 93.

[135] L., p. 210 (30-XII-45).

[136] L., p. 243 (13-VIII-46).

[137] "[A]ussi longtemps que je n'aurai pas achevé ce monstre de roman, gros de germanité, de musique et de destin, et "impossible" sous une forme tout à fait allemande, et atnt que je devrai peiner sur lui tous les matins (il ne s'en faut plus de beaucoup), je ne vaux presque rien" (L., p. 271, 15-I-47).

[138] L., p. 268 (30-XII-46).

[139] "Hier, j'ai lu l'Apocalypse. [...] J'ai été profondément ému par le mot : 'Ta force était petite et tu as gardé ma parole et n'as pas renié

> [E]n étroit rapport avec l'œuvre maîtresse et prémonitoire de Leverkühn, s'insèrent des scènes dans un club de débats munichois, pour lesquelles le diable m'a conseillé d'évoquer certaines soirées vécues avec des messieurs intellectuels dans votre demeure[140].

Irrésistible ascension des gens du club, bienvenue au gang d'Arturo Ui.

## L'INSPIRATION MALÉFIQUE

L'Allemagne s'est donnée au diable nazi : elle sombre, par voie de conséquence, dans la destruction de son âme :

> [J]e poursuis un très ancien projet[141] qui s'est amplifié entre-temps : l'histoire d'un artiste (musicien) et moderne qui conclut un pacte avec le diable.

Il s'agit donc du

> thème de l'inspiration maléfique, qui s'achève avec le diable emportant le héros, c'est-à-dire la paralysie. Mais c'est surtout, en général, l'idée de l'ivresse et de l'antiraison qui s'y allie, et en conséquence aussi la politique, le fascisme et par là le triste destin de l'Allemagne[142].

---

mon nom.' Heureux qui mérite une telle épitaphe !" (L., p. 204, 14-XII-47).

[140] À Émile Preetorius (L., p. 331, 12-XII-47).

[141] "Ce sera mon *Parsifal*. Je l'avais déjà médité en 1910, alors que la coloration politique était encore plus prémonitoire et méritoire" (L., p. 31).

[142] L., p. 30.

## NE PAS CROIRE AU MIRACLE

La fin de Hitler ne mettra pas un terme, comme par miracle, aux souffrances du peuple allemand, malade, atteint, comme Adrian, dans son âme : "L'Allemagne est devenue pour moi indiciblement troublante et j'ai l'impression que la plupart des gens là-bas sont aux trois quarts cinglés, ou tout au moins ont reçu une fêlure inguérissable — ce qui n'a rien d'étonnant"[143].

## L'EXILÉ

Écrit aux Etats-Unis, entre 1943 et 1947, *Le Docteur Faustus* fut composé "encore plus loin" que *Les Buddenbrook* du lieu où se passe l'action : "[I]l en est profondément séparé par toutes les circonstances dans lesquelles, de 1943 à 1946, il fut écrit — ce qui a contribué à accroître son caractère impitoyable, son radicalisme humain. Dois-je appeler cela de l'inhumanité ?"[144].

## UNE ŒUVRE COMMENTÉE

Le roman sera l'objet des commentaires de l'auteur dans sa correspondance : "Je me suis remis à *écrire* — le roman que la guerre en Europe me laissera sans doute, hélas, le temps d'achever[145].

---

[143] L., p. 292 (6-VII-47).
[144] L., p.331 (12-XII-47).
[145] L., p. 43 (26-V-43).

Le roman bénéficiera d'un essai explicatif, par l'écrivain lui-même : *Le Journal du docteur "Faustus". Le roman d'un roman* (1949)[146].

## À L'ORIGINE DU MYTHE

Page d'histoire contemporaine, le roman aura pourtant comme référence le XVIe siècle qui a vu la naissance du mythe. En effet, selon l'écrivain, la perte de sa conscience, par l'Allemagne, date de Luther.

## MOYEN-ALLEMAND

Écrivant à Bruno Walter, Mann se plaint, en "allemand[147] de la Réforme", d'être "toujours un chevreuil [...] traqué", et, "pour parler comme Luther, “surchargé, emberelicoquisé, accablé de choses“" ("cet allemand de la Réforme est magnifique") et Th. Mann précise que le héros de son roman, Adrian Leverkühn, "se sent des affinités particulières avec lui"[148].

L'allemand, en particulier celui de Luther, langue diabolique par excellence ? Humour noir de Th. Mann qui fait dire à Satan s'adressant à Faustus :

---

[146] Christian Bourgois, 1994 (abréviation : J.D.F.).

[147] Th. Mann est attiré part "un moyen âge international, germano-franco-anglais". Il aimerait raconter une histoire, "sous forme de légende grotesque". Il ajoute : "[J]e me débrouillerai aussi, peu ou prou, avec le moyen-haut-allemand" (L., p. 22, 13-II-48). On trouve des échantillons d'une sorte de "volapuk" européen dans son *Élu* (Albin Michel, 1952, pp. 108-125).

[148] L., p. 221 (9-II-46).

> — Ne parle qu'allemand ! Parle donc le bon vieil allemand sans palliatifs ni guirlandes. Je comprends cet idiome, c'est précisément ma langue préférée. Il y a même des moments où je ne comprends que l'allemand (D.F., p. 238).

C'est sa langue de prédilection et les Allemands, reconnaissants, sont les êtres humains les plus réceptifs à sa propre voix. Dans ces conditions, ne pourrait-on pas dire que certaines époques ont été *diablement*, diaboliquement[149] allemandes, ailleurs qu'en Germanie. Le nazisme a essaimé chez des hommes *appelés* à le recevoir (les franquistes, par exemple). Comment expliquer autrement que par la prédisposition et l'attente, l'irrésistible ascension d'un peintre raté du nom de Hitler dont la personnalité ne présentait pas les qualités qui lui ont été conférées (charisme) ?

Mais le diable ne se prive pas d'user d'autres idiomes. L'"aimable" boutade qu'un Allemand met dans la bouche de Satan sera, bien entendu, rectifiée par le narrateur qui fera remarquer que le diable peut parler dans bien d'autres langues !

Par le biais de la question de la langue diabolique, on touche au problème de la transformation, dans le roman, de la diachronie en synchronie : pas d'historicisme, ici, mais mise à nu de ce que certains historiens, depuis Dumézil et… Th. Mann, ont admis, à savoir la présence du mythe, donc de l'imaginaire, dans le récit historique. On comprend mieux ce que les marxistes de stricte observance considèrent comme des "accidents" de

---

[149] Il est amusant d'entendre Satan employer des expressions où apparaît le mot "diable" : "Nous envoyons au diable [au propre ou au figuré ?] la paralysie et la timidité, les chastes scrupules et les doutes" (p. 253). À Adrian : "Un fin matois, madré [comme toi], [d]u diable s'il n'appartenait pas déjà au diable !" (p. 261).

l'histoire des événements qui, à les croire, n'affectent en rien ce qu'ils persistent — au mépris des régressions que constitue l'installation de la terreur hitlérienne (système néo-féodal) ou stalinienne (famines programmées...) — à appeler le "sens de l'histoire"[150].

Aussi, *Le docteur Faustus*, comme les autres œuvres de Th. Mann, est-il une œuvre "ouverte" ; le traitement du personnage de Faust rejoint, par son ambiguïté, celui que la légende nous a transmis :

> Dans la figure du héros lui-même, cet Adrian Leverkühn, il y a quelque chose de froid et d'inhumain, mais aussi un tel don de soi qu'il rachètera peut-être les crudités du livre, le froid portrait de ma mère, le destin de mes sœurs livré au public[151].

Si l'on peut parler, à propos du temps du roman, de synchronie, il est vrai que, comme l'écrit Mann, "le tout a une coloration très vieil-allemande luthérienne (le héros a été théologien à l'origine)", mais il s'empresse d'ajouter que l'action se déroule "dans l'Allemagne d'hier et d'aujourd'hui"[152], les atrocités n'étant pas l'apanage de la seule "modernité"[153] : "Les événements historiques donnent à mon activité, qui n'est pas sans rapports intimes

---

[150] Avenir radieux, "lendemains qui chantent", prolétariat crucifié appelé à la résurrection... et tout le bataclan !

[151] L. p. 331 (12-XII-47).

[152] L., *ibid.*

[153] La spécificité — concept de "charisme" introduit par Max Weber (1864-1920) — d'un phénomène comme le nazisme et l'hitlérisme (avec son cortège de massacres à la chaîne, de génocides) ne sera reconnue que plus tard. Les marxistes bon teint s'en tenaient à la rengaine : "Hitler, valet du capital", ce qu'il était, entre autres choses.

avec eux, une musique d'accompagnement en accord avec elle. Effroyable, effroyable !"[154].

On ne parlera pas gratuitement d'œuvre "ouverte" puisque l'auteur revient souvent — toujours prêt à se remettre en question et à comparer ses intentions et les résultats obtenus — sur la question de l'appartenance ou de la non-appartenance de son livre à une époque déterminée. Selon lui, cette histoire "ténébreuse" reste traversée par un "souffle allemand médiéval"[155], comme l'attestent les informations données par l'auteur à la traductrice Helen Lowe-Porter : "Samiel est le nom du diable. Comme dans les vieilles légendes diaboliques, le malin est désigné sous le nom de Kasperlin, l'identité de Kaspar et de Samiel apparaît du coup"[156].

Th. Mann précise que *aventuere* "est le mot chevaleresque médiéval pour “aventure“" :

> *Auerhahn* ou, selon l'ancienne orthographe : Awerhan, est une désignation volontiers employée pour les diables et les démons. Celui qui parle avec le diable dit "mon Esprit et Auerhahn". Capercailzie est le nom anglais correspondant à l'oiseau en chaleur, et, d'après mon lexique, un mot gallois.
> Mais peut-être Ackercocke est-il encore mieux[157].

## INTEMPORALITÉ

Ce qui compte, c'est l'effet produit par la synchronie romanesque : quelle que soit l'époque, l'homme, mené par ses bas-instincts s'adonne à la

[154] L., p. 163 (24-IV-45).
[155] L., p. 46 (21-VI-43).
[156] L., p. 318 (7-XI-47).
[157] L., p. 319 (même date).

violence. Il suffit que les circonstances s'y prêtent et la bête immonde, qui ne dort jamais que d'un œil, se jette sur sa proie, Juif, Arabe, Rom, homosexuel ou étranger "qui n'est pas d'ici".

## EXAMEN DE CONSCIENCE

La synchronie postule l'existence d'une "nature humaine", pour le meilleur et pour le pire. Et la question de la barbarie n'est pas de celles dont on dit qu'elles sont abstraites. Elle touche — ou devrait toucher — l'intellectuel dont la responsabilité est engagée. Et, tout comme Goethe, Th. Mann se penche sur son évolution intellectuelle et sa fascination nietzschéenne, dans *Le docteur Faustus*, et, parallèlement, dans sa correspondance.

> Mes déclarations un peu légères sur [Nietzsche] dans les années 20 s'inspiraient d'une crainte politique et de l'abus tendancieux que l'on faisait de lui.

Mais,

> [e]n dépit de tout son goût pour "les couches souterraines" (sans lesquelles il n'y a pas d'humanité), il n'est aucunement l'homme des ténèbres ; et son système intellectuel aboutit à proclamer la religion de Zeus[158].

Pertinente mise au point.

---

[158] L., p. 200 (3-XII-45).

Question, subsidiaire pour le lecteur, mais fondamentale, pour l'écrivain : la place de la création artistique dans un monde d'assassins. Comme à la lecture de *La Mort à Venise*[159] ou de *La Montagne magique*[160] , on peut légitimement se demander si la singularité créatrice a encore sa place dans un monde déshumanisé. Créer pour qui ? c'est ce que se demande Serenus quand il constate que, dans certains milieux "intellectuels", on considère d'une importance "énooorme" (ô Flaubert !) la tendance générale "à laisser tomber purement et simplement ce qu'on avait appelé les acquisitions culturelles, au nom d'une simplification nécessaire, exigée par les temps et qualifiable, si l'on voulait, de "néobarbare consciente" (D.F., p. 394). Les rapports entre éthique et esthétique agitent toujours la pensée de l'auteur du *Docteur Faustus*.

## RACINES

Th. Mann a la conviction, confortée, si besoin en était, par l'opinion de "diverses personnes, chacune de son côté", que "la courbe [...] partie des vieux *Buddenbrook*", doit abourir "où il est est". "On demeure toujours, — et de plus en plus, je mesure que le temps passe — l'homme de

---

[159] *Cf.* C. Herzfeld, "Figure d'Hermès et visages de *La Mort à Venise*", in *Les Représentations de la mort*, Sous la direction de Bernard-Marie Garreau, P.U. de Rennes, 2002.

[160] *Cf.* notre *Thomas Mann, "La Montagne magique, Facettes et fissures, op. cit.* — Voir également "Graal et phtisie dans *La Montagne magique*", in *Écriture et maladie, op. cit.*

ce premier roman"[161] , bien que les circonstances aient changé (?).

## DES HAUTS ET DES BAS

Fièvre de l'écrivain. Car les malheurs du temps de l'*écriture* , de ce temps trouble et troublé, sont tels que l'auteur de *La Montagne magique* à l'humour — jeune — si sûr, lui qui a commencé à écrire parce qu'il ne pouvait plus "supporter de ne *pas* écrire"[162] et qui a constaté qu'il était "tout à fait prêt pour la tâche", vit dans "une constante agitation silencieuse"[163].

Il écrira, plus tard, à Cocteau, que *composer* "le *Faustus* " fut, pour lui, "la chose la plus étrange, la plus excitante"[164] qu'il eût jamais faite.

Tout à sa tâche, il se plaint de sa lourdeur[165] et craint, n'ayant pas le cœur à plaisanter — dans ce qu'il

---

[161] L., pp. 73-74 (16-I-44).

[162] "[J]e ne puis néanmoins m'empêcher d'écrire un roman qui aura pour sujet plus ou moins avoué le tragique et le démonisme allemands" (L., p. 87, 15-IV-44).

[163] L., p. 46 (21-VI-43).

[164] L., p. 305 (8-X-47).

[165] Lui qui a une œuvre considérable à son actif, connaît les affres de l'écrivain : "Je continue lentement à écrire, sans savoir si je conserverai tel ou tel passage" (L., p. 82; 16-II-44). En juin 46, il écrit qu'il tient encore à améliorer "certaines parties précédentes du roman" (L., p. 234) et qu'il remanie un peu le manuscrit" (L., p. 235). — "Le vieillard prodige raccommodé chipote et scribouille à nouveau très assidûment son roman de *Faustus*" (L., p. 244, 27-VIII-46). Le 26 octobre 46, il pense qu'il en aura "fini avec Adri" au printemps suivant (L., p. 237). En décembre 46, il dit qu'il mène "la lutte finale pour son roman" (L., p. 267) et, en janvier 47 : "Si je vis jusqu'à demain midi [...], à cette heure la dernière ligne du *Docteur Faustus* aura été tracée" (L., p. 273). Le 29 janvier, c'en est fait : "*Keen glorious child must know that Adrian's sad story was definitively brought to a happy*

appelle la "sombre situation mondiale" — de ne pouvoir instruire en distrayant :

> La chose est difficile, sombre, inquiétante, triste comme la vie, voire plus que la vie, puisque l'idée et l'art dépassent toujours la vie et l'exagèrent. Pour être savoureuse, l'histoire a besoin d'être traversée d'enjouement, et pour cela, il faut de la sérénité. Mais cette sérénité, jusqu'à présent, ne m'a jamais fait défaut, même en des temps pires[166].

Après la rédaction du roman, Th. Mann écrit que "[d]e plus en plus le comique, le rire, l'humour" lui apparaissent comme "salutaires à l'âme". Il y aspire après "les horreurs du *Faustus* qui n'ont été égayées que de justesse" et il se fait fort "d'inventer les choses les plus divertissantes, en dépit de la plus sombre situation mondiale"[167]. Et ce sera *Les Confessions du chevalier d'industrie Félix Krull.*

## L'ACTION

On ne se lassera pas de souligner que, ajoutées à la maladie, les nécessités de son combat antinazi par

---

*end today*" (L., p. 274). Cri de victoire. Pourtant, il corrige les épreuves du roman avec des "sentiments contradictoires" : "Il est bizarre, peut-être trop ; et à côté de singularités vraiment remarquables, il comporte aussi des longueurs, des faiblesses, des erreurs. Enfin, il est comme il est" (L., p. 295, 14-VII-47). Aussi attend-il, "avec une impatience" qu'il n'a jamais éprouvée jusqu'alors, "l'écho [!], l'"action", s'il peut être parlé d'action, du *Docteur Faustus.* L'écrivain guette ce que devient *Le docteur Faustus.* "Il y a déjà eu pas mal de choses, où vibre encore un peu l'écho de l'émotion inhérente à l'ouvrage malgré et dans son ennui"(L., p. 325, 25-XI-47).

[166] L., p. 43 (8-V-43)

[167] L., p. 310 (10-X-47).

"introductions, messages et autres"[168] obligent fréquemment Th. Mann à interrompre[169] "le nouveau roman" qu'il a "encore été assez entreprenant pour commencer"[170], et qui l'"absorbe énormément"[171].

Quand il aura mené sa tâche à bien, Th. Mann se trouvera dans la même situation que Serenus :

> Mon récit se hâte vers sa fin. Comme toute chose. Tout se passe et se précipite vers la fin, le monde est sous le signe de la fin, du moins pour nous Allemands.

Marche vers l'Enfer :

> Notre histoire millénaire, reniée, conduite *ad absurdum*, malencontreusement ratée, ce chemin de l'erreur à en juger par le résultat, va aboutir au néant, au désespoir, à une faillite sans précédent, une descente aux enfers environnée d'une danse de flammes grondantes (D.F., p. 483).

Le témoin de Faustus "a voué à un homme, à un artiste allemand éminent", malgré sa culpabilité, un amour "qui est peut-être — Dieu sait ? — un faible reflet de la Grâce" (*ibid.*).

---

[168] L., p. 48 (29-VII-43).

[169] "Malheureusement je dois interrompre mon nouveau roman qui me captive extraordinairement, pour faire une tournée de conférences d'environ huit semaines dans l'Est et au Canada" (L., p. 60, 7-X-43). — "À présent je peux consacrer quelques matinées à mon roman" (L., p. 58, 30-IX-43). *Cf.* J.D.F., p. 53. — "Mes forces suffisent à peine [à] mon roman" (L., p. 223, 25-II-46).

[170] "Il y a beaucoup de choses dont on n'a plus la force, — espérons qu'il m'en restera encore assez pour le roman diantrement difficile, encore un roman ! que j'ai entrepris un peu à la légère" (L., p. 85, 18-II-44).

[171] *Ibid.*

Et quand sera venu le temps de la capitulation et de… la récapitulation, c'est avec émotion que l'écrivain corrigera les épreuves de son roman : "Parcourir rapidement, armé d'un crayon correcteur, ce que l'on a écrit pendant des années, a quelque chose de très bouleversant pour moi"[172].

[172] L., p. 290 (27-VI-47).

# LA FIGURE D'ÉCHO ET *LE DOCTEUR FAUSTUS*

Selon Hermann Hesse, une nouvelle œuvre commence à naître "au moment où se profile une figure qui, pendant quelque temps, peut devenir le symbole et le dépositaire de mes expériences, de mes pensées et de mes problèmes. L'apparition de ce personnage mythique [...] correspond au moment créateur dont découle tout le reste". Et l'auteur de *Siddhartha* poursuit : "Presque tous les textes en prose que j'ai écrits sont les biographies d'une âme : [...] ils sont en définitive des monologues dans lesquels une seule personne — justement cette figure mythique — est considérée dans ses rapports au monde et à son propre moi"[173].

Après avoir rappelé le propos apparemment paradoxal de Jacob Burckhardt recevant la nouvelle du couronnement de l'Empereur à Versailles : "C'est le déclin de l'Allemagne !", Jung ajoute : "Déjà les archétypes de Wagner frappaient à la porte, et avec eux arrivait l'expérience dionysiaque de Nietzsche, qu'il serait plus juste d'attribuer au dieu de l'ivresse, Wotan"[174].

À l'ambivalence du symbole répond l'ambiguïté de la figure mythique et le sens du mythe est constamment remis en question : même si l'ensemble que constitue le mythe oriente la polysémie du symbole, il ne se prête pas à une lecture unique. Le mythe est l'étymon de la littérature pérenne, fondé sur les synchronicités mythiques (et non sur la diachronie), sur leur plasticité et leur facilité à

---

[173] *Magie du livre*, Corti, 1994, p. 227. — *Cf.* "Hermann Hesse et le jardin nocturne", in *Iris*, Revue du Centre de Recherche sur l'Imaginaire, Université Stendhal, Grenoble III, n° 8-9, 1989-1990.

[174] C.G. Jung, *"Ma vie"*, *op. cit.*, p. 272. — Jung se demande si ce n'est pas "le Wotan-Hermès plein d'inquiétude de ses ancêtres alémaniques et franconiens qui [lui] pose des énigmes provocantes" (*ibid.*, p. 362).

consteller. Observer les variations thématiques, ce sera toujours, qu'on le veuille ou non, se livrer à une herméneutique : le sens affleure.

Sans minimiser l'importance de l'archaïque en chacun de nous, rappelons que Janus a deux faces. Les versions successives du mythe sont là pour attester que l'étymon peut être source de significations nouvelles[175].

C'est sans doute la raison pour laquelle Nietzsche a ignoré le mythe-explication pour restaurer le "mythe-symbole"[176], manifeste ou latent.

Le mythe patent, dans *Le docteur Faustus* comme, en général, dans les œuvres modernes, peut recouvrir le mythe latent véritablement générateur.

Dans *Le docteur Faustus*, si le nom de l'hétaire Esmeralda[177] "plane sur l'œuvre musicale" d'Adrian Leverkühn, hormone du sens comme "une rune[178] invisible à tous"[179], — sauf au narrateur Sérénus Zeitblom

---

[175] C. Herzfeld, *La littérature, dernier refuge du mythe ? Mirbeau, Philippe, Alain-Fournier...*, L'Harmattan, 2007.

[176] Selon la terminologie employée par Paul Ricœur (*Philosophie de la volonté*, II, Aubier, 1988).

[177] Satan : "Mais comme moi, l'ami et le souteneur d'Esméralda tel que tu me vois, ne prendrai-je pas un intérêt particulier à la branche en question, la branche attrayante et voisine, la médecine" (D.F., p. 249). — "À [l']unique visite [de Hugo Wolf] au bordel il [a] contracté 'le mal français' avec une fille que lui avait cédée son ami, pianiste de l'établissement" (J.D.F., p. 214).

[178]Repère. Hermès "psychagogue" (illustrations dans *L'Homme et ses symboles*, *op. cit.* : le dieu Toth, figure du monde souterrain associée à la transcendance ; un "hermès", pierre placée aux carrefours, symbolisant la fonction médiatrice du dieu ; Mercure, avec des ailes rappelant l'oiseau, bronze italien du XVI^e^ siècle) dans *La mort à Venise* et le Graal de *La Montagne magique.*

[179] "Ma volonté de surmonter [la maladie] [...] n'était-ce pas destiné à servir l'œuvre et ne tirais-je pas ces forces de mon inconscient à seule fin de pouvoir l'achever ? D'autre part, la pensée de cette œuvre m'était comme une plaie ouverte" (J.D.F., p. 173).

—, Nepomuk Schneidewen, le neveu d'Adrian, surnommé Écho, semble bien la "figure fondamentale", "l'archétype thématique" qui "détermine" (D.F., p. 165 et pp. 303-304) le roman de Th. Mann.

Devant l'œuvre achevée, il s'effraie presque de la parenté[180] — avec ce qui l'absorbait si passionnément, *Le docteur Faustus*, — du *Glasperlenspiel* de Hermann Hesse — en deux volumes — que, de Suisse, il vient de recevoir. Il savait déjà comme la prose de H. Hesse lui était proche, "comme un morceau de moi", dit-il. Il trouve chez l'auteur du *Jeu des perles de verre* : "Même idée d'une fiction biographique… Avec la pointe de parodie que comporte le genre" (J.D.F., p. 70).

À ce propos, Th. Mann se demande "pourquoi presque toutes les choses [lui] font-elles l'effet d'être leur propre parodie ? Pourquoi me semble-t-il que presque tous, non, tous les moyens et les artifices de l'art *ne sont bons aujourd'hui qu'à la parodie* ?" (D.F., p. 142).

Le style "archaïque" d'Adrian "doit être compris comme un travestissement, une allusion à des expériences burlesques", un écho, en somme : c'est en même temps une "manifestation personnelle", la révélation d'"une tendance intime" qui recourt à "la parodie" pour "se dissimuler et s'accomplir derrière elle" (D.F., p. 148).

Dans *Le docteur Faustus*, "fiction biographique" avec une pointe de parodie, Th. Mann oppose une figure

---

[180] Rapprocher les deux écrivains n'est donc pas caprice de critique. L'amitié qui les unit est attestée par la correspondance échangée. En mai 1955, Hesse écrit à Th. Mann : "Pour cette catégorie bien trop importante de lecteurs qui ne peuvent toujours pas s'empêcher de jouer l'un de nous deux contre l'autre, notre amitié et notre profonde parenté demeureront toujours incompréhensibles, tout comme la *coincidentia oppositorum* de Nicolas de Cuse".

mythique bénéfique[181] à celle de Satan, ce que Goethe avait déjà fait avec *Le Second Faust*[182]. La recréation, par l'humaniste, du mythe d'Hélène[183] reste fidèle au contenu latent de la légende homérique (connivence des inconscients). Comme la descente infernale d'Orphée[184], la guerre de Troie a pour objet de reconquérir la divinité, proche de Perséphone-Proserpine, sur le monde des ombres. Plongée dans le gouffre, et celui-ci n'est pas sans former les associations d'usage avec le sein maternel. Lorsque Faust demande à Méphistophélès de lui indiquer le chemin, ce dernier évoque une région où il aura à rencontrer "les Mères". Aspiration à retrouver le paradis intra-utérin[185] pour connaître une seconde naissance[186]. Œdipe n'est pas loin[187]. Toujours est-il que *Le Second Faust* s'imposait. Au terme du premier, Faust disparaissait avec Méphistophélès, tandis que, à la fin du second, il est sauvé[188].

---

[181] Dans *Robert le Diable* (opéra de Giacomo Meyerbeer ; livret de Scribe et Delavigne), le héros, éponyme, est le fils de Satan, Bertram, et la pureté est incarnée par Alice, sœur de lait de Robert.

[182] Faust, l'esprit qui nie. — Ni drame ni épopée, *Le Second Faust* fait éclater les cadres génériques.

[183] Hélène se confond avec Artémis dans *Iphigénie en Tauride*. *Iphigeneia* (= "celle qui est née de la force") est, à l'origine, un surnom d'Artémis. Équivalence d'Hélène avec la divinité lunaire.

[184] Illustration (*L'Homme et ses symboles*, *op. cit.*, p. 144) : le meurtre d'Orphée par les femmes de Thrace (vase grec).

[185] *Cf.* Otto Rank.

[186] Dans le *Voyage en Italie*, Goethe dit avoir éprouvé sa découverte du monde romain comme une vraie "re-naissance" (en réponse aux excès du romantisme ?).

[187] Méphistophélès remet à Faust, pour qu'il atteigne le pays des Mères, une clé "spéciale", une "petite chose" que Faust voit soudain "grandir dans sa main". "Initiateur", ici ; "proxo", là ; sacré Satan !

[188] Déjà, à la fin de la première scène du premier *Faust* , le héros, qui veut mettre fin à ses jours, en est empêché par la musique du matin de Pâques qui chante la résurrection.

## MYTHOLOGIE

Sans doute Goethe n'a-t-il pas été conscient que la "récupération" d'Hélène par Faust et Méphistophélès était une nouvelle élaboration du mythe d'Hélène et de ses frères Castor et Pollux, les Dioscures, qui ont délivré leur sœur. Mais il y a, comme dit Jung, "anguille sous roche". Et c'est l'inconscient qui parle lorsque cette nouvelle "quête" d'Hélène appelle soudain la figure mythique de Proserpine : "La chemin sombre mène à Perséphone" (Acte II). La recherche d'Hélène est associée à celle de l'"or enseveli" (l' *anima* ?) avant qu'Hélène ne devienne, elle-même, le "trésor".

## HÉLÈNE

Avec l'humaniste, le sombre drame médiéval, s'élève à la beauté radieuse d'Hélène[189].

## ÉCHO

Avec Th. Mann, Népomuk fait émerger la figure d'Écho, "le personnage mythique"[190] de la nymphe "qui

---

[189] Vigny apporte, dans *Eloa*, un élément au mythe de Satan lui-même. Le démon sera sauvé par l'amour d'un personnage féminin, d'une vierge. Notons que le Satan romantique n'est jamais l'Immonde. Il se rattache, non à limage dantesque du démon bestial, mais au type fixé par Milton dans *Le Paradis perdu* et repris par Hugo dans *La fin de Satan.*

[190] Il en est d'autres : la Sirène, en particulier, motif récurrent ("Voilà des souffrances que l'on connaît par le conte de fées, les souffrances de la petite Sirène", D.F., p. 246 : les "douleurs (lancinantes, p. 267) de la petite Sirène", p. 251 ; elle a la "nostalgie sentimentale du monde

répète les sons"[191]. Avatar d'Écho,"un merveilleux petit garçon"[192], "Népomuk, Schneidewein, Écho, l'enfant, le dernier amour d'Adrian" (D.F., p. 512), voué à une mort prématurée. "De ses intonations solennelles émane une sorte de vieille germanité verbale qui, par son exquise beauté, éveille l'impression mystérieuse de venir de très loin"[193].

Dans *La Mort d'un ange*, de Jean-Paul, l'esprit céleste vient s'incarner et découvrir la finitude indissociable de la condition humaine. Cette chute dans la temporalité, ressentie douloureusement, *imite* celle de l'homme dans l'incarnation, solution de continuité, selon les dualistes, entre l'En-deçà de la naissance et l'Au-delà :

> L'ange de la dernière heure se glissa comme un éclair scintillant dans la dépouille abandonnée, pénétra le cadavre, et, redonnant la force au cœur, rendit le mouvement au cœur réchauffé de la vie. Mais cette nouvelle incarnation le saisit.

Il lui faut connaître les misères humaines :

> La faim le déchirait, la soif le brûlait, la douleur le tenaillait. — Oh ! sa poitrine meurtrie saignait en se soulevant, et son premier souffle fut son premier soupir pour le ciel qu'il avait quitté[194].

---

des bipèdes humains", p. 367 : *cf.* p. 378 et p. 535...). — *Cf.* Caron (p. 382).

[191] Ovide, *Les Métamorphoses*, III, 358.

[192] Dans *Les Buddenbrook* (*op. cit.*, p. 609), Hanno, à qui revient à l'esprit, de temps à autre, [...] le motif du Graal ou la marche nuptiale", fait déjà penser à Népomuk.

[193] L., p. 272 (15-I-47). — "Il lui sembla bientôt que le vent lui portait le son d'une musique perdue. C'était comme un souvenir plein de charme et de regret" (*Le Grand Meaulnes, op. cit.* , p. 53).

[194] Jean-Paul, *Choix de rêves*, traduction d'A. Béguin, introduction de C. Pichois, José Corti, 1964, pp. 84-85.

Quant à la musique qui constitue la substance même du *Docteur Faustus*, on sait que, pour Jean-Paul et les romantiques allemands[195], elle exprime la réminiscence de notre vie avant la naissance. Elle est la "douce langue natale" perdue que chante Baudelaire, soupir de l'ange qui est en nous, comme l'écho d'un monde harmonieux et lointain !

Dans *La Loge invisible*, la main de Gustav "se greffe solidement" sur la main de Beata[196] :

> "Vous êtes encore dans votre rêve", dit-elle d'une voix douce et tremblante.

"Rêve de jadis"[197] :

> Ce "vous", cet accent rejetèrent son rêve hors du présent ; mais ce rêve lui avait rendu plus proche, plus chère celle dont la main se débattait dans la sienne, et le dialogue du rêve agissait en lui comme s'il eût été réel ; son esprit était une corde dont se prolongeaient les sublimes vibrations, depuis qu'un ange y avait imprimé son extase[198].

L'affirmation pourra sembler paradoxale : dans cette vallée de larmes, la mort des enfants est le signe le

---

[195] *Cf.* "Alain-Fournier et le romantisme allemand", in *Cahiers du C.E.R.M.E.I.L.* (Centre d'Études et de Recherches sur le Merveilleux, l'Étrange et l'Irrationnel en Littérature), n° 17, Narbonne, 2000. — "Le mythe du Juif errant : Herder, Quinet et Fromentin", in *op. cit.*, n° 12, 1997.

[196] *Cf.* la préraphaélite *Beata Beatrix* de Dante Gabriele Rossetti, que Fournier trouve "très emballante, plus emballante que les gravures qu'on en voit" (*Correspondance*, 2 volumes, Gallimard, 1991, tome I, p. 118).

[197] *Le Grand Meaulnes*, *op. cit.*, p. 65.

[198] *Choix de rêves*, *op. cit.*, pp. 74-75.

plus manifeste de l'ange. Et, parce qu'ils meurent, il faut bien que Dieu existe :

> Au matin de la vie, la mort vous berce et vous endort parmi les chants, l'aube et les fleurs [...] et vous ne faites que changer de paradis, tandis que nous, nous blêmissons [...] avec une âme cramponnée à la glèbe terrestre[199].

Une "pointe dorée", "l'aile d'un ange invisible" brilla dans "l'infini". Les enfants devinrent "moins visibles", comme "des cordes qui vibrent et résonnant" et "ils s'effacèrent dans l'accord d'une prière"[200].

La disparition d'Écho est une transfiguration : l'Ange n'a plus besoin d'être visible pour être tangible. Comment ne pas penser aux *Élégies* de Rainer-Maria Rilke où l'Ange occupe une place centrale "parce qu'il est la créature chez qui la transformation du visible en Invisible apparaît déjà accomplie"[201] ? La nymphe Écho, après sa mort, devient une voix qui répète les dernières syllabes des mots que l'on prononce.

En français, le mot "enfant" possède les deux genres. En italien, le nom "écho" est du genre féminin. On pense à Massimo Bontempelli (1878-1960), fondateur, avec Malaparte, de la revue *900*, dont les efforts tendaient vers le "réalisme magique"[202] — qu'il illustre avec humour — et qui, dans *Storia de un'eco*, rapporte la découverte du phénomène de l'écho par le narrateur, enfant, pour qui

---

[199] *Op. cit.*, p. 70.

[200] "La Mort dans le suprême Au-delà" (1801), in *Choix de rêves*, *op. cit.*, p. 182. — "Rêve de Walt" (*Flegeljare*), *op. cit.*, p. 177-178.

[201] *Correspondance*, Œuvres, III, Seuil, 1976, p. 591.

[202] Son *Fils de deux mères*, histoire d'un enfant, Mario, qui cesse de reconnaître ses parents pour s'incarner en un autre enfant, Ramiro, appartient à cette littérature qui a alimenté le cinéma.

l'expérience est inoubliable, amplification de l'harmonie universelle si bien exprimée par Jean-Paul :

> Très haut au-dessus de ce champ fleuri était le paradis de Dieu, et l'écho de ses célestes harmonies descendait vers la plaine sous la forme d'un ruisseau ; son murmure mélodieux pénétrait tous les détours du Paradis inférieur, et les âmes enivrées, dans leur félicité, se jetaient des fleurs de la rive, dans le courant aux sons flûtés[203].

Garçon ici, fille là, qu'importe le sexe d'Écho ! Autant discuter du sexe des anges…

## ÉCHO ET LEITMOTIVE

C'est Écho qui préside à la *composition* du roman de Th. Mann. *Le docteur Faustus* est à son *image*. Les leitmotive[204] de *L'Apocalypse*[205] d'Adrian constituent une

---

[203] *Choix de rêves, op. cit.*, p. 77.

[204] "Je sentais bien que mon livre devait finir par être ce dont il traitait : une musique constructive" (J.D.F., p. 61). — Le plus grand charme d'Elsbeth Leverkühn, consistait dans sa voix de mezzosoprano au timbre chaud, extraordinairement plaisant, lorsqu'elle parlait en donnant aux syllabes une intonation vaguement thuringeoise" (D.F., p. 23). Ce charme vocal "provenait d'une musicalité intérieure qui d'ailleurs resta toujours latente" (*ibid.*). "Chères syllabes harmonieuses" du nom d'Hélène (*op. cit.*, p. 10). — Dans *La Mort à Venise*, "musique" du nom de Tadzio dont la dernière syllabe, en particulier, se retrouve dans le rêve dionysiaque d'Aschenbach. La parole de l'enfant "revêtait la dignité de la musique" ; "cela faisait une tendre et vague mélodie" (Le Livre de poche, 1965, p. 87).

[205] *Cf.* Adrian, "le maître des visions grotesques de l'*Apocalypse*, p. 172 ; "la musique quasi spirituelle de ses années ultérieures à l'*Apocalypse* et le *Dr Faustus* ", p. 189 ; *cf.* p. 384-385, 398, 422, 427-429, 456, 489… Visions de Dürer, p. 378.

mise en abyme[206] de la composition en échos du roman[207]. Le musicien s'est trouvé au "plus près d'une écriture rigoureuse" lorsqu'il s'est aperçu que tout le lied *Ô lieb Mädel* procédait d'"une série d'intervalles variables à l'infini, les cinq notes *h e a e e es* (si mi la mi mi mi bémol). C'est comme un mot, "un mot clé[208] dont les signes se retrouvent partout" (D.F., p. 204) dans ce morceau.

## HEAES

Ce motif "figure notamment dans son œuvre ultérieure où l'audace et le désespoir se mêlent d'une manière si unique. *Le Chant de Douleur du Dr Fautus*, composé à Pfeiffering, où se traduit davantage encore la tendance à amener les intervalles mélodiques à une simultanéité harmonique[209]. Recherche de la synchronie

---

[206] "Ce que je voulais [...] emprunter [à Adorno] et m'approprier pour décrire la crise générale de la civilisation et de la musique en particulier, formait le motif fondamental de mon livre : l'approche de la stérilité, le désespoir inné prédisposant au pacte avec le démon" (J.D.F., p. 61).

[207] "La répétition d'un thème déjà familier, 'allusion spirituelle ou profonde, est toujours ce qui impressionne le plus" (D.F., p. 230). *Cf.* p. 298, 338, 351-352, 417, 420, 423...

[208] Le noyau maigre et vague du thème avait dès le début une *aura*, un sentiment vital, une atmosphère biographique prédestinant la nouvelle à devenir un roman bien avant que j'en eusse conscience" (J.D.F., p. 16).

[209] "Étrange harmonie achevée d'Écho [...], le mythe atemporel" d'Écho, de ce qui "existe simultanément et dans la juxtaposition" (D.F., p. 498). — "Ce dimanche matin où je commençai à écrire, j'ai dû avoir devant moi, clair et tout ouvert, le livre entier avec le déroulement des faits, encore que mes notes n'en laissent presque rien paraître" (J.D.F., p. 35). — "J'ai dû en être si bien informé qu'il me fut possible de travailler à plein avec l'ensemble des motifs" (*ibid.*). —

oblige. Et ce langage chiffré musical signifie ;." (D.F., p. 166)[210].

Prégnance d'Écho, même si l'inspiration d'Adrian s'origine dans la rencontre avec Satan et le dialogue qui s'ensuit. Adrian découvrirait-il, à l'occasion de cette rencontre, sa "part d'ombre", révélation qui, après la découverte de la lumière de l'ange, suscite la création musicale.

En 1916, Jung éprouva le besoin impérieux de donner une forme créatrice à son "vécu intérieur". C'est ainsi que prirent naissance les *Septem Sermones ad Mortuos*. Jung rapporte que, un dimanche après-midi, la sonnette de sa porte d'entrée "sonna à tout volée. C'était une claire journée d'été. [...] Tous nous courûmes aussitôt à la porte pour voir qui était là, mais il n'y avait personne"[211] :

> Je me rendis compte qu'il fallait que quelque chose se passât. La maison entière était comme emplie par une foule, elle était comme pleine d'esprits ! Ils se tenaient partout, jusque dessous la porte, et on avait le sentiment de pouvoir à peine respirer. Naturellement, une question me brûlait les lèvres : "Au nom du ciel, qu'est-ce que cela ?"

Il y eut comme une réponse en chœur :

> Nous nous en revenons de Jérusalem, où nous n'avons pas trouvé ce que nous cherchions". Ces

---

"On porte toujours en soi une oeuvre d'art comme un tout." Les œuvres du langage et de la musique cherchent "à être présentes tout entières dans chaque instant." (J.D.F., p. 209).

210 "C'était un anneau ancien ciselé, un travail de la Renaissance enrichi d'une pierre, un splendide spécimen des émeraudes de l'Oural, d'un vert clair, merveilleux." (J.D.F., p. 209).

211 Voir les variations comiques sur ce thème dans *La Cantatrice chauve* d'Eugène Ionesco.

> mots correspondent aux premières lignes des "Sept sermons aux morts"[212].

Écriture sous la dictée de l'inconscient ?

Le narrateur du *Docteur Faustus* annonce que, "dans ce chapitre vingt-cinquième, le lecteur entendra la voix même d'Adrian" (p. 236). Mais un doute assaille Sérénus : n'est-ce que la voix de Faustus que l'on entend ? "Il s'agit d'un dialogue. Un autre, un tout autre, un personnage effroyablement autre y a même généralement la parole" (*ibid.*), en dépit des dénégations d'Adrian : "Je ne vous vois que parce que je veux voir en vous la source de ce malaise" (p. 240) .

Selon le narrateur du *Docteur Faustus*, il est terrifiant, si le visiteur n'existe pas, de penser que ce "cynisme", "ces sarcasmes et cette escrime devant le miroir ont jailli de l'âme même de celui qui subit cette épreuve" (D.F., p. 236).

Mais, dans la plupart des traditions anciennes, un *génie* —pourquoi pas Satan ?— accompagne tout homme. Il s'agit de son *démon* , de son inspiration intérieure :

> Celui qui, poussé par son *daimon*, franchit le pas par lequel il s'aventure hors des frontières de cet état intermédiaire marqué par l'appartenance à une collectivité [Jung n° 1] pénètre à proprement parler dans "l'inexploré à jamais inexplorable" (*Faust*, II, acte I)[213].

---

[212]C.G. Jung, *"Ma vie..."*, *op. cit.*, p. 222. Le texte des *Sermons* figure dans *La Vie symbolique, Psychologie et vie religieuse*, Albin Michel, 1989. Jung a choisi comme pseudonyme le nom de Basilide, célèbre gnostique du II$^{e}$ siècle. Les premiers mots des *Sermons* auraient donc été écrits sous la dictée des "esprits", à moins qu'il ne s'agisse d'un phénomène endopsychique.

[213] *Ibid.* , p. 391.

Et Satan qui dialogue avec Adrian n'est-il pas la synthèse des forces désintégrantes de la personnalité ?

Mais, fut-ce un dialogue ? Pour le croire, "il faudrait être dément". Il reste que cette question hante l'esprit du narrateur et du lecteur.

"L'auteur" ne cherche pas à "alléger la rédaction" qu'Adrian fait de cet "entretien" et se refuse à "le morceler en paragraphes isolés et numérotés". Il rapporte "ce «dialogue» (on remarquera les guillemets de protestation dont j'encadre le mot, sans d'ailleurs me dissimuler qu'ils lui ôtent une partie seulement de son caractère effroyable)" (p. 269).

L'éventualité qu'il ne s'agisse pas d'une intervention psychique de la part du diable signifierait que les pensées diaboliques ne sont pas l'apanage de Satan, mais peuvent germer dans l'esprit de Faustus lui-même, dans l'esprit de n'importe qui, Allemand ou autre, ce qui n'est guère rassurant, mais serait plutôt, effectivement, effroyable.

S'il était présent, est-ce lui qui a donné à Adrian "l'illusion du froid" pour le faire trembler et l'assurer "qu'Il était réellement là, un Être en soi" (p. 237) ?

> Car onques ne l'ignore, nul fol ne tremble devant les divagations de son propre cerveau, il s'y sent au contraire fort à l'aise, et sans embarras ni frisson s'y abandonne (*ibid.*).

> Si tu me vois, c'est donc que j'existe pour toi. Est-ce la peine de demander si j'existe réellement ? Ce qui exerce une action n'est-il pas réel ? (p. 260)

Adrian se rassure comme il peut et juge probable qu'il est en période[214] d'incubation et que la fièvre le fait délirer :

---

[214] *Cf.* "d'une géniale durée diabolique" (p. 250).

> Moi. - Il est beaucoup plus probable que je couve une maladie et dans mon trouble je vous attribue l'origine du frisson de fièvre qui m'oblige à m'emmitoufler et je ne vous vois que parce que je veux voir en vous la source de ce malaise. (p. 240)

S'agit-il de l'action des "flagellates" qui ont "un faible pour la région de la tête" (D.F., p. 249) ? Quatre ans après la contamination, "le point sensible est circonscrit, étroit et fin, là-haut, mais il existe, — le foyer" (p. 250). Réplique de Faustus :

> — Ah ! je t'y prends, idiot ! Tu te trahis et tu m'indiques toi-même le point de mon cerveau, le foyer fébrile qui crée l'hallucination de ta présence et sans lequel tu ne serais pas. Tu trahis ainsi que, dans mon trouble, si je te vois et t'entends, il est vrai, tu n'es pourtant qu'un phantasme devant mes yeux ! (p. 251)

L'âme d'Adrian cheminait[215] depuis longtemps vers Satan[216] "avant qu'il n'échange des caresses avec le papillon venimeux" (D.F., p. 533), "papillon diapré"[217] dont l'"attouchement" a ensorcelé l'apprenti *sorcier*" (D.F.,

---

[215] Valéry, "Mon Faust" (Ébauches), *Œuvres* , II, Pléiade, 1960, p. 276-277 : "Or, un certain jour de 1840, je me suis surpris parlant à deux voix et me suis laissé aller à écrire ce qui venait".

[216] Rappelons que, même si Adrian n'a pas rencontré Satan, le fait que le musicien ait pu imaginer un tel entretien suscite l'indignation de Serenus (D.F., p. 269).

[217] "Un de ces papillons, à la nudité diaphane, ami de la pénombre crépusculaire des ramures s'appelle *hetæra esmeralda*. Une tache sombre, violette ou rose, ponctue ses ailes, et seule visible en plein vol, lui donne l'aspect d'un pétale au vent" (D.F., p. 15). — Esméralda est une hetaïre ou hétaïre (i.-e. *swe—*; skr. *svadha*, "caractère propre", "habitude" ; gr. *Hetairos*, "compagnon", *hetaira*, "courtisane").

p. 532). Cette "pauvre fille"[218], le destin avait pris soin qu'Adrian ne l'oubliât point (D.F., p. 165). Le narrateur rappelle (D.F., p. 523), comme s'il en était besoin, qu'il a été "longtemps dit, au cours de ces pages, que dans le Faustus aussi, en dehors du symbole des lettres, la figure d'Esmeralda que je fus le premier à découvrir, le *h e a e es*, domine très souvent la mélodie et l'harmonie ; partout où il est question de l'engagement et de la promesse[219], du pacte[220] de sang" (D.F., p. 523) et de contamination[221].

[218] "Je voyais [aux] côtés [d'Adrian] la brunette au nez retroussé, l'*hetæra esmeralda*, avec ses demi-sphères poudrées dans un corselet espagnol — je la voyais lui caressant la joue de son bras nu" (D.F., p. 158). — Derrière le visage de la "brunette", se profile la figure mythique de la "grande Prostituée, la femmc sur la Bête" (D.F., p. 381). S'inspirant d'Ézéchiel, Albert Dürer la "représent[e] en utilisant l'étude pour un portrait de courtisane vénitienne" [*ibid.*). Il existe une "tradition culturelle de l'Apocalypse" (*ibid.*).

[219] "Tu es appelé à renverser les obstacles, tu t'élèveras au-dessus d'eux jusqu'à une vertigineuse admiration de toi-même et créeras des choses qui te feront éprouver une terreur sacrée" (D.F., p. 259).

[220] *Cf. supra*.

[221] "Se concrétisait peu à peu — phénomène d'ailleurs point nouveau pour moi — l'idée nébuleuse que je poursuivais. Il s'agissait apparemment de la diabolique et destructrice explosion d'une nature d'artiste (idée encore embryonnaire, mais à coup sûr difficile) à la suite d'une intoxication" (J.D.F., p. 16). — Certains de ces infiniment petits [ont] une prédilection pour les parties supérieures, un faible pour […] les méninges" (D.F., p. 249). "Dès le premier instant de contamination générale, ils essaiment passionnément vers le haut" (*ibid.*). — "Le mal du chef, le point de départ des douleurs lancinantes de la petite Sirène, tu les tiens aussi de [Satan]" (D.F., p. 251). — "Nous avons diligemment agencé un traquenard pour que tu te jettes dans nos bras, je veux dire dans ceux de mes infiniment petits, de l'Esmeralda, pour te faire acquérir l'illumination, l'*aphrodisiacum* du cerveau que réclamaient si désespérément ton corps, ton âme et ton intellect" (D.F., p. 266).

En surimpression, le papillon venu du "bleu céleste", porteur d'harmonie. Le narrateur compare Écho Nepomuk à un "papillon". Dans cette assimilation, "le petit envoyé du pays des elfes conserve ses ailes. Cet Ange est le "petit prince des elfes qui symbolisent les forces de nature" (D.F., p. 498), le messager semblable aux "nymphes" dont la plainte "s'apparente à l'écho" (D.F., p. 519), l'écho[222], la restitution de la parole humaine comme d'un son de la nature[223], sa révélation *en tant que* son de la nature" (*ibid.*).

Mais cet être qui fut sans doute le seul à être aimé de lui, Adrian l'"éloigne", sans doute à cause de cette inclination même d'Adrian avant de le "précipiter dans les bras de la mort" (p. 6).

De cet "amour", "la cantate de *Faustus* porte l'empreinte, en conserve l'*écho* : ce n'est "point en vain" et certainement pas par hasard si elle "se rattache si fortement et indéniablement par le style de Monteverdi et au XVI$^{e}$ siècle où la musique — et encore une fois, point en vain — eut pour l'effet d'écho une prédilection allant parfois jusqu'au maniérisme" (*ibid.*).

---

[222] Le mot "ange" vient du latin ecclésiastique *angelus* , emprunté au grec *aggelos*, "messager". *Cf.* "évangile", du grec *euaggelista* ("bonne nouvelle", par le latin. Grâce à Écho, le "démoniaque" est filtré "à travers un médiateur exemplairement non démoniaque" (J.D.F., p. 29). — "La répétition de la première phrase par un second chanteur" (D.F., p. 29). — L'effet d'écho *déjà mentionné* (D.F., p. 522) devient lui-même leitmotiv. — "Les accents de la plainte d'Orphée sont doucement rappelés" (*ibid.*).

[223] "La voix de l'elfe, d'Écho" (D.F., p. 511). — "Le premier de nous tous cet enfant fut admis à jeter 'un coup d'œil' sur l'ébauche de la partition des chants d'Ariel dans *La Tempête*" (*ibid.*.).

## ELFE

Esmeralda, instrument de Satan ; Nepomuk, descendu du ciel", "messager chargé d'une mission charmante", "d'essence aérienne" (D.F., p. 498), "mieux qu'à quiconque lui seyaient les tendres privilèges, l'adoration sans exigence octroyée à ce qui est encore nouveau sur terre, à moitié étranger et inadapté". Là-haut les angelots "devaient tourner [à sa] manière les pages de leurs livres de cantiques" (D.F., p. 496). Sérénus, en cherchant à décrire "l'oratorio apocalyptique" de Leverkühn fait allusion "à l'identité entre l'ineffable et l'effroyable[224], l'identité intime du chœur enfantin des anges avec le rire de la géhenne" :

> Ce chant susurrant et strident des sphères et des anges ne contient *pas un mot* qui par une stricte correspondance ne se retrouve aussi dans le rire de l'enfer (D.F., p. 403)

## LES CERCLES DE L'ENFER

L'œuvre d'Adrian "se développe en cercles et chacun d'eux entraîne l'autre incessamment après soi ; mouvements, variations de grand style correspondent aux unités et aux chapitres" du vieux livre populaire "qui raconte la vie et la mort du grand magicien", suites de variations qui, toutes, "se rattachent à un archétype infiniment ductile, donne par un passage défini du texte" (D.F., p. 520).

---

[224] *Cf.* Georges Bataille, *Les larmes d'Éros*, Christian Bourgois, 1961.

"La Rosenstiel" a procuré à Adrian une traduction en vers français du XIII^e^ siècle de la vision de saint Paul dont le texte grec est du IV^e^ :

> Ce n'est pas la première curiosité qu'elle me déniche. […] Mon faible pour les gens qui sont descendus […] aux enfers, ne lui a pas échappé. Cela crée une familiarité entre des personnages aussi éloignés que Paul et l'Énée de Virgile. Tu te souviens, Dante les cite fraternellement ensemble, comme deux qui seraient descendus là-bas. (p. 380)

Dans le *Chant de douleur du Docteur Faustus*, Adrian reprend à Goethe la descente de Faust, frère d'Orphée, dans l'Hadès. Le scène de "danse furieuse" rappelle son *Apocalypse*.

## COMPOSITION EN ÉCHOS

On sait que, selon Arnold Schoenberg, dans son essai *Le Rapport avec le texte*, il faut opérer une dissociation entre la construction formelle de la musique et le contenu du texte littéraire, les deux arts devant maintenir leur respective liberté créatrice. Or, on observe que, chez Thomas Mann (comme chez Alain-Fournier), la composition en échos et le refus de "l'athématisme" attestent la prégnance de la figure mythique d'Écho et que l'emploi du terme "leitmotiv" à propos d'une composition littéraire ne soit pas incongru.

## "ÉCHOS D'ÉCHOS"[225]

Mélodie et harmonie conditionnées par la transformation de "l'anagramme musical" et transformation d'"un motif fondamental" du roman : le nom d'Écho s'impose. Plus rien d'"athématique", ni dans la pièce musicale ni dans le roman, mais la variation d'une "donnée immuable". Ce "style" n'admettrait plus une note, plus une seule, qui dans l'ensemble de la texture sonore ne remplît sa fonction thématique" (D.F., p. 520).

## VARIATIONS

Adrian utilise "l'effet d'écho"[226] et "tous les moyens d'expression de cette époque d'émancipation", tous adaptés à une œuvre en variations[227], "en quelque sorte statique, où chaque transformation est déjà l'écho de la précédente. [...] Les accents de la plainte d'Orphée[228], sont doucement rappelés, qui font de Faust et d'Orphée des

---

[225] Max Jacob.

[226] Tout comme Th. Mann lui-même dans un roman dont l'un des thèmes est, précisément, celui de l'écho. La composition en écho du *Docteur Faustus* repose sur l'emploi du leitmotiv : "[L]e côté fascinant, inhérent à la conception de l'ensemble, s'exprime aussi jusqu'à un certain degré dans les parties certes nécessaires mais précaires. Le début du dialogue avec le diable est bon, et il redevient bon à la description de l'enfer" (L. 163, 24-4-1945).

[227] L'"écart" que constitue la "marginalité" du héros d'Alain-Fournier, Augustin Meaulnes, explique le recours à une écriture *de/à l'écart* (*Le Grand Meaulnes* [1913], édition avec introduction, notes, variantes et illustration, Nizet, Saint-Genouph, 1983).

[228] *Cf.* "Orphée et 'Le roi Cophetua' de Julien Gracq", in *Merveilleux et surréalisme*, Actes du colloque de Cerisy, *Mélusine*, XX, L'Âge d'Homme, 2000.

conjureurs du royaume des ombres dans l'épisode où Faust fait surgir Hélène, de qui lui naîtra un fils" (D.F., p. 521).

## LES PLEURS DE DIEU

Le mouvement final de la cantate "résonne comme la lamentation de Dieu devant la chute de sa création à l'abîme, comme un soucieux “je n'ai pas voulu cela“ du Créateur" (D.F., p. 524). D'écho en écho, la plainte ne s'éteint pas, en ces temps d'Apocalypse, d'anéantissement de la civilisation.

Le Prologue de *Jean* porte la marque des deux tendances spirituelles nées de la contradiction entre la croyance selon laquelle Dieu aime Israël, peuple élu, et ce que l'histoire révélait en ces temps où les Hébreux passaient de la domination perse à la grecque : à l'idée que Dieu a donné à son peuple la Torah qui lui permet de choisir entre le Bien et le Mal s'oppose une conception selon laquelle, devant le mal fait par l'homme, Dieu s'est absenté de sa création ; après le refus d'Adam d'obéir au seul commandement qu'il avait reçu, la "*shekhinah*/présence de Dieu" s'est retirée dans le ciel ; restait donc à attendre qu'un messie vienne "dévoiler" le mystère des livres maintenus "scellés" par le retrait divin ; ce "dévoilement" serait alors un temps d'"apocalypse" (grec *apocalupsis*, "révélation" ; *cf. eucalyptus* — le limbe du calice reste clos juqu'à la floraison — ; *Calypso*, ces mots contiennent l'idée de "cacher").

Question *cruciale* après la Shoah…

## CIVILISATION(S) MORTELLE(S)

En effet, la mortalité des êtres annonce celle des civilisations. Resté à l'écoute des possibilités du langage, Th. Mann nous transmet la portée radicale de la négation de la vie qui atteint, dans *Le docteur Faustus*, une résonance exceptionnelle. De la biographie d'Adrian est inséparable l'évocation de la période qui s'achève avec la défaite de l'Allemagne hitlérienne : "Parallélisme entre une euphorie vouée à l'effondrement, et l'ivresse fasciste des masses" (J.D.F., p. 27) ; "[ai] pensé au lien entre le sujet et les choses d'Allemagne, l'isolement allemand dans le monde. Il y a là des valeurs symboliques" (J.D.F., p. 23). Leonhard Frank[229] éprouve pour l'Allemagne à l'unité intangible" représente un "patriotisme somme toute prématuré", selon Th. Mann, au moment où, obstinément, les troupes hitlériennes combattent encore partout" (J.D.F., p. 52), ce qui incite l'écrivain "à faire aboutir le thème du livre" — qui est en somme "l'étude d'une crise" — à "une généralisation contemporaine et européenne" (J.D.F., p. 53).

## SISMOGRAPHIE

Datés ou non, les événements trouvent leur *écho* sous la plume de Th. Mann : l'écrivain, "comme instrument de signalisation, sismographe et médium de la sensibilité, sans qu'il ait clairement conscience de sa fonction organique, et pour ce motif, capable de se tromper parfois dans ses jugements, voilà, me semble-t-il, l'unique perspective juste" (J.D.F., p. 137).

---

[229] Th. Mann se dit sensible aux louanges de l'auteur de *Mathilde*.

*Le docteur Faustus* se fait *l'écho* de "l'immense perte de valeur que l'individu avait subie du fait de la guerre, le mépris avec lequel, de nos jours, la vie balayait les isolés, mépris qui s'infiltrait également dans les âmes sous la forme d'une indifférence générale aux souffrances et à l'anéantissement d'un chacun" (D.F., p. 389).

Qui sait "l'exaltation à l'état absolument pur de toute critique, de cette réflexion paralysante, de tout contrôle mortel de la raison, la transe sacrée" (p. 253) ?

La damnation de Faustus liée à l'Apocalypse montre clairement que Th. Mann est bien le remythologisateur par excellence[230]. Il reste *profondément* fidèle au mythe entendu comme "souvenir du cataclysme du monde" (Bachelard).

## LES MYTHES MENSONGERS

Au mythe d'Écho descendu du Ciel, s'opposent les mythes qui substituent la violence à la recherche de la Vérité. Ces mythes négatifs naissent aux époques grégaires[231]. Selon Sorel (*Réflexions sur la violence*), "une

---

[230] Nous n'oublions pas, pour autant, Wagner ni, encore moins, Nietzsche.

[231] "Je sais bien, ce sont les plus doués parmi vous, les lecteurs de Kierkegaard, qui placent la vérité, même la vérité éthique, dans la subjectivité et abominent le grégarisme" (D.F., p. 126-127). — À propos des "compagnons de route" ou "chiens de garde" de Staline (*cf.* Paul Nizan) et parce que les massacres dont les nazis sont responsables n'absolvent pas les criminels qui ont sévi au Goulag, on lira avec intérêt les textes écrits par Georges Hyvernaud, après 1950, et qui n'ont été publiés qu'après sa mort : "*Sincérité ou fidélité*". [...] Le drame, pour l'intellectuel d'aujourd'hui, est qu'il soit à peu près impossible d'accorder l'une et l'autre de ces valeurs. Qu'il n'y ait plus moyen d'être fidèle sans mentir, d'être sincère sans trahir. / On commence par adhérer (adhérer ! un idéal de mollusque...) à quelque

seule idée, — faire la guerre — p[eut] unir les peuples"[232] : "à l'avenir, les hommes seraient nourris de mythes, appels primitifs au combat destinés à déchaîner les énergies de cet ordre, à les stimuler" : "fictions", "chimères", "fables" (D.F., p. 390).

"L'époque de la culture "et de son culte, tu la crèveras en passant au travers et tu auras l'audace d'une barbarie doublement barbare, puisqu'elle succédera à l'humanisme" (D.F., p. 261). "Justification" : "La religion ne voyait plus que la culture détachée du culte, l'humanité et non l'excès, le paradoxe, la passion mystique, l'aventure totalement antibourgeoise.[...] Depuis que la culture s'est détachée du culte et s'est fait culte elle-même, elle n'est plus qu'un déchet, et au bout de cinq cents ans à peine, le monde est [...] las et rassasié d'elle" (*ibid.*).

On comprend que le mythe de Faust ait partie liée avec le récit de l'Apocalypse. L'idée qu'il faille toucher le *fond* de l'abîme[233] pour que les choses puissent s'améliorer *en profondeur*, a pu conduire à une participation active

---

chose, à une ligne, à un parti. [...] Et d'abord, c'est rudement bon. Chaleur des camaraderies. Bonnes poignées de main qui signifient : nous, nous sommes ensemble, hein. Ensemble dans l'effort. Dans la vérité. Dans l'erreur" (*Feuilles volantes*, Le Dilettante, 1995, pp. 93-94).

232 Il faut dire, à la décharge de Sorel, que la Première Guerre mondiale fut, à cet égard, édifiante. Les syndicats de cheminots, malgré les résolutions votées lors des congrès, laissèrent les trains conduire les troupes au front. Les "pacifistes" (genre Jules Guesde) appelèrent à l'"Union sacrée" (une sacrée union !). Seuls en Europe, deux députés allemands, Karl Liebnecht et Rosa Luxemburg avaient voté contre l'augmentation des crédits militaires. Deux voitures suffirent pour conduire les internationalistes à Zimmerwald et à Kienthal ! Et, comme si l'hécatombe ne leur avait rien appris, les Français d'alors élisaient une Chambre des députés *Bleu horizon*.

233 Ou provoquer "l'éruption de la fin" (*L'Internationale*, paroles d'Eugène Pottier).

dans la chute de ceux qui adhèrent aux grandes idéologies progressistes de l'histoire depuis Joachim de Fiore[234] jusqu'à nos jours. C'est ainsi que des "amis du genre humain" ont pu considérer comme nécessaires et légitimes les formes les plus abjectes du totalitarisme et érigé la terreur en moyen de gouverner. Le "complexe" de l'omelette (que l'on ne fait pas sans casser des œufs) est fondé sur l'espoir que la lutte finale précipitera la Révélation du sens de l'Histoire.

Hermann Hesse, avec *Edmond* (1934), évoque l'état de crise de la culture allemande, qui a favorisé l'éclosion puis l'irrésistible ascension, enfin le triomphe du fanatisme et de la mystique du national-socialisme[235].

Le diabolique, c'est l'irrationnel des années trente, né en réaction à un prométhéisme qui n'avait pas tenu ses promesses. Rôle désagrégateur de l'instinct qui s'oppose à la fonction stabilisatrice de la raison. Que choisir ? C'était déjà la question qui était posée dans *La Mort à Venise*.

## APOCALYPSE

De nombreux exégètes ont montré ce que l'Apocalypse de Jean, la révélation, devait à l'apocalyptique (*cf. supra*) du judaïsme tardif ainsi qu'aux conceptions dualistes iraniennes[236] qui aboutissent au catharisme, doctrine selon laquelle Satan est le démiurge,

---

[234] Voir "Le système ou le mythe contre les mythes", in *Le Système et le rêve*, Sous la direction de Jean-Marie Paul, L'Harmattan, 2002.

[235] Sur la supercherie qui consiste à annexer le mot "socialisme" (par les nazis comme par les staliniens), voir Ernst Bloch, *Héritage de ce temps*, Payot, 1978).

[236] Plus tard, il a sans doute existé des rapports entre la pensée juive du XII$^{e}$ siècle et la doctrine cathare.

le créateur du monde, de cette vallée de larmes qui n'est pas le "vrai" monde (*cf.* Pierre Mac Orlan).

La tendance dominante du judaïsme légalitaire est que Dieu n'abandonne jamais son peuple (même quand six millions de juifs ont été exterminés par Hitler et les siens !). On a beau jeu de dénoncer l'existence du mal en l'homme : Dieu l'a créé libre. L'Oreste de Sartre ne craint pas de proclamer : "Le premier assassin, c'est Dieu !" (*Le Diable et le Bon Dieu*).

La tâche que s'assigne Th. Mann est donc "rien de moins que le roman de son époque, déguisé sur l'histoire d'une vie d'artiste très précaire et pécheresse" (J.D.F., p. 36). Et *L'Apocalypse* d'Adrian est *l'écho* de l'apocalypse historique[237], le mot revenant, tel un leitmotiv, *répercutant* la "prédilection très nette" de l'écrivain pour "le monde des souffrances apocalyptique et grotesque de Dostoïevsky" (J.D.F., p. 120)[238].

Alors qu'il prend connaissance de Faust, Jung ne peut alors "soupçonner combien le mythe héroïque de Goethe était collectif et prophétisait le destin de l'Allemagne"[239].

Quant au titre imaginé par Adrian, *Apocalipsis cum figuris* , c'est un hommage à Dürer :

> Les visions et les dénonciations les plus expressives et terribles des Évangiles apocryphes ; en outre, certains fragments des lamentations de Jérémie.

Il est aussi des

---

[237] Rappelons que le Faustus du XVIe siècle mourait, le corps totalement déchiqueté par une explosion alors qu'il tentait de réaliser le Grand Œuvre.

[238] Th. Mann s'était "engagé à écrire un avant-propos pour une édition mineure de Dostoïevsky" (J.D.F., p. 120).

[239] C.G. Jung, "*Ma vie*…", *op. cit.* , p. 272.

> apports plus lointains, tout cela contribue à créer l'impression générale d'un grand monde qui s'ouvre, du grand règlement de comptes, d'une descente aux enfers où s'insèrent et se développent les représentations[240] de l'au-delà, celle des stades chamans, de l'antiquité et du christianisme jusqu'à Dante. (p. 382)

## TEMPS DE L'ÉCRITURE

Le narrateur prend le soin de préciser que depuis le jour où il a "commencé ces notes, presque une année s'est écoulée" et que pendant qu'il écrivait les derniers chapitres, nous entrions en avril 1944". Par cette date, il entend "celle à laquelle [son] activité s'exerce, non celle où [il a] laissé son récit et qui se place à l'automne 1912, vingt mois avant le déclenchement de l'autre guerre, lorsque Adrian rentra de Palestrina à Munich avec Rüdiger Schwabing". Il se demande "pourquoi ce double calcul chronologique retient [son] attention" et pourquoi il se sent obligé de le signaler : "le temps personnel et l'objectif, le temps où se meut le narrateur[241] et celui où se déroule la narration (D.F., p. 270). Le 25 août 1940, parvient au narrateur "la nouvelle que s'était éteinte la suprême étincelle d'une vie qui avait donné à la [sienne] sa substance essentielle, dans la tendresse, la tension, l'effroi et la fierté". À cette époque, l'Allemagne était à l'apogée de ses sauvages triomphes, sur le point de conquérir le monde grâce à un pacte qu'elle s'était résolue à observer et

[240] Dans l'*Historia Ecclesiastica gentis Anglorum* "s'est conservée une bonne part des fantaisies celtes sur l'au-delà, des expériences visionnaires des époques primitives irlandaise et anglo-saxonne" (*ibid.*, p. 381).

[241] "Certes, le temps où j'écris est animé d'un autre élan historique que le temps que je décris, le temps d'Adrian" (D.F., p. 271).

qu'elle avait signé de son sang" (D.F., p. 545). Or, c'est le 23 mai 1943 que le narrateur Serenus Zeitblum (D.F., p. 3) est "censé prendre la plume". L'Europe est alors une "forteresse investie" (J.D.F., p. 27) et le récit s'achève en 1945 ; on comprend la prière finale : "Dieu fasse miséricorde à votre pauvre âme, mon ami, ma patrie" (D.F., p. 545).

## *D^r FAUST*

Le narrateur attend donc, pour faire certaines *révélations*, que la guerre "qui fait rage"[242] au moment où il écrit, trouve son dénouement "d'une façon ou d'une autre" ; le croisement des époques est d'ailleurs destiné à se recouper avec une troisième période, où le lecteur voudra bien accueillir ma relation, de telle sorte qu'elle se rattache à un triple registre de temps : le sien propre, celui du chroniqueur et le temps historique" (J.D.F., p. 270) auxquels on peut ajouter le temps de la genèse de l'œuvre : "15 mars 1943 : apparaît pour la première fois dans mes notes quotidiennes, presque sans rapport avec rien, l'abréviation : *D^r Faust*" (J.D.F., p. 15) ; "ai réussi à dénicher le plan en trois lignes du *Docteur Faustus*, remontant à 1901 (J.D.F., p. 16) ; le 23 mai 1943, Th. Mann commence "à écrire *Le Docteur Faustus*" (J.D.F., p. 27) qu'il achèvera "le 29 janvier 1947, au matin" (J.D.F., p. 219).

---

[242] "Des millions de soldats rués à l'assaut de note bastille européenne (ou dirai-je notre geôle, notre asile d'aliénés ?) (D.F., p. 271).

## DÉCOLLAGE DIFFICILE

Histoire des idées. Le "croisement des époques" permet d'établir des comparaisons. La liberté, par exemple, telle que la définissait la "psychologie de la religion", signifiait "rester de son propre gré fidèle à Dieu ou forniquer avec les démons" ; or, la liberté, "dans la vie des peuples et dans les luttes historiques" (D.F., p. 107), revêt une autre acception. C'est que s'achève "une ère englobant non seulement le XIX$^{e}$ siècle mais remontant à la fin du moyen âge, jusqu'à la rupture des entraves scolastiques, jusqu'à l'émancipation de l'individu, à la naissance de la liberté, une ère que le narrateur considère comme son "climat spirituel", celle de "l'humanisme bourgeois" (D.F., p. 376-377) ; le XIX$^{e}$ siècle a sans doute été "une période extraordinairement agréable car jamais aucune génération n'eut plus de peine que l'actuelle à rejeter les opinions et les habitudes de l'époque antérieure" (D.F., p. 26). Quand le XIX$^{e}$ siècle finira-t-il ?

## FOLIE NATIONALISTE

Avec le recul, Sérénus voit dans le "désordre fantastique"[243] de 1918 le "germe" de "l'invraisemblance

[243] Si Hitler s'est ingénié à envenimer les choses, il faut reconnaître que les traités dits de paix n'ont pas peu contribué à instaurer ce désordre. Coincés entre "le principe des nationalités" et "la théorie des frontières naturelles" qu'ils avaient bruyamment invoqués, les vainqueurs — et les vaincus — sont parvenus à des compromis boiteux qui n'ont satisfait personne : Hitler n'avait plus qu'à se servir… et il s'est servi. Jugez plutôt. Un "corridor" polonais fait de la Prusse Orientale une enclave en territoire polonais. Dantzig, vieille cité allemande, est transformée en ville libre. Il est interdit à l'Autriche, réduite au territoire de peuplement germanique, de s'unir à

monstrueuse, de l'excentricité, de tout cela qu'on n'eût jamais cru possible, beaucoup du détestable sans-culottisme de notre comportement depuis 1933 et surtout depuis 1939" (D.F., p. 413). Le narrateur du *Docteur Faustus* ne craint pas de reconnaître que la folie nationaliste s'était emparée de ses compatriotes. En France, en 1919, un mouvement comme "Le fusil brisé" resta très minoritaire.

## LONG TERME

"Sembla poindre", après l'Armistice de 1918, pour les Allemands, "une ère de répit moral, de progrès social dans la paix et la liberté, d'effort culturel émancipé, et tourné vers l'avenir" (D.F., p. 413). Mais vint le temps des reniements d'une "histoire millénaire" : ce chemin de l'erreur "à en juger par le résultat" va aboutir à une descente aux enfers environnée d'une danse de flammes grondantes" (D.F., p. 483).

## TRADITION

À faire se croiser les époques, force est de constater aussi que, à l'instar de la musique, l'histoire procède par "variations": "La variation (par conséquent, quelque chose d'archaïque, un résidu) devient le moyen d'une création nouvelle et spontanée de la forme" (D.F.,

---

l'Allemagne. À côté de six millions de Tchèques, vivent en Tchécoslovaquie trois millions de Slovaques et autant… d'Allemands. Pour faire plaisir à nos amis Serbes, on leur octroie une partie du Banat, avec une "petite" minorité de plus de cinq cent mille Magyars ! Par pitié pour le lecteur, nous arrêterons ici notre énumération.

p. 203). Ou, si l'on préfère, le souvenir des époques révolues, "le lien avec la tradition", de l'aveu de l'auteur, "rend plus accessible un ouvrage et comporte la possibilité d'une audience plus vaste" (J.D.F., p. 87) ; et le langage du *Docteur Faustus* se teinte "par endroit d'archaïsmes", nous l'avons vu, parce que le récit a toujours "un lien avec le XVII^e^ siècle" (J.D.F., p. 60). "Comme les époques se rejoignent singulièrement, comme celle où j'écris se relie à celle qui forme le cadre de cette biographie !" (D.F., p. 516). L'homme ne procède pas de l'Histoire : c'est lui qui la fait.

## HYSTÉRIE

Dans l'air de la ville de Sérénus, Kaisersascher, plane encore un peu de "l'âme du XV^e^ siècle en ses dernières décennies, l'hystérie[244] du moyen âge à son déclin, un peu d'une latente épidémie métaphysique". Étrange constatation à propos d'une cité moderne qui ne l'est pas : elle est "vieille", l'âge étant "le passé devenu présent", un passé "simplement recouvert d'un placage de présent" (D.F., p. 38). On imagine "le subit déclenchement d'une croisade d'enfants, une danse de Saint-Guy, des prédications visionnaires et communistes d'un "Hänselein" avec bûcher pour réduire en cendres la frivolité du siècle, des apparitions miraculeuses, de mystiques mouvements de foules".

[244] La "danse de Saint-Guy", d'origine psychosomatique est largement répandue au Moyen Âge. Illustration : dessin de Breughel (*L'Homme et ses symboles*, *op. cit.*, p. 168).

## NATURE HUMAINE

On croit encore au "sens de l'histoire". On refuse d'admettre que "l'archaïque, au cœur de la modernité, est permanent" (Yves Vadé), pour le meilleur et pour le pire. Partant, négation d'un possible *ricorso* (Vico). "Naturellement, rien de tel ne s[e] passait [à Kaisersascher] — comment cela eût-il été possible ? la police ne l'aurait pas toléré, d'accord avec l'époque et sa norme. Et pourtant ! Que n'a pas toléré la police de nos jours ! Que n'avons-nous vu se dérouler au nom du "peuple", qui n'aurait pu s'accomplir au nom de Dieu, de l'humanité ou du droit ?" (D.F., pp. 38-39). On peut voir dans les abominations commises par les nazis "les sombres virtualités de la nature humaine en général". Furent-elles autre chose que "la réalisation déformée, populacière, avilie, d'une tendance d'esprit et d'une conception du monde à laquelle on est bien obligé de reconnaître un caractère authentique ?" (D.F., p. 515).

## LE MIROIR

L'archaïque bénéfique proviendrait de la permanence du divin, en nous, malgré tous les bouleversements. "L'élément créateur humain" est reconnu, "du point de vue théologique, comme un lointain reflet" de la puissance divine, un *écho* de "l'irrésistible appel au devenir et à l'inspiration productive, comme une incontestable émanation d'en-haut" (D.F., p. 121), aspiration au divin, si l'on en croit Ernst Bloch, qui affirme que Dieu est à naître, produit des "bonnes volontés".

Écho, reflet, miroir... Adrian "présente à l'humanité le miroir de la révélation pour qu'elle y voie son sort futur" (D.F., p. 381). La psychologie des profondeurs affirme que sont transmises des "structures congénitales" d'où proviennent les représentations. Autrement dit, comme son nom l'indique, "l'archétype commande".

## MIGRAINE

Phylogénèse et ontogénèse. Primitivité de l'humanité et enfance de l'individu. Les théories sur l'hérédité, rencontrées dans *Les Buddenbrook*, se retrouvent ici comme dans *La Mort à Venise* : c'est de sa mère que Gustav Aschenbach tient "les traits de race étrangère" que l'on remarque en sa personne. Adrian : "Le noir de poix de l'iris maternel et l'azur de l'iris paternel se confondaient dans ses yeux en un bleu-gris-vert ombré, pailleté d'un reflet métallique avec un cerne couleur de rouille autour de la pupille" (D.F., p. 24). Schildkrapp — dont le nom signifie *écuyer* — attribue à un souvenir atavique un héritage transmis par le sang, le fait qu'il rêvait très souvent de chevauchées" (D.F., p. 180). Breisacher, se mettant "à pérorer doctement sur le Vieux Testament, en se référant à sa sphère atavique personnelle, la tribu, le peuple hébreu et l'histoire spirituelle de ce peuple", étale "un conservatisme équivoque" (D.F., p. 301). Et "la migraine héréditaire" (D.F., p. 34, 119, 133, 139, 141, 168, 200, 203, 213, 275, 337, 365, 372, 373-374, 420, 503, 506…) d'Adrian constitue l'un des leitmotive du roman, et pour cause : son apparition coïncide avec le début des "expériences pianistiques" de Leverkühn.

## PROJECTION

L'artiste est peut-être celui qui sait préserver sa "continuité intérieure" (D.F., p. 273), qui "demeure toujours très près de son enfance, ou peut-être plus fidèle à son enfance que l'homme cantonné dans la réalité pratique" et "s'attarde éternellement dans l'état rêveur d'une humanité pure et les jeux de l'enfant" (D.F., p. 26). Le cadre "familial et rustique" où Adrian, "homme mûr, établit sa vie", présente avec celui de son enfance "la plus étrange analogie" et forme comme "sa réplique" (D.F., p. 27), son *écho*. N'a-t-il pas emporté sa ville avec lui partout où il allait, et n'a-t-il pas été conditionné par elle chaque fois qu'il croyait dicter lui-même ses conduites ?" (D.F., p. 87). Les éléments du décor, sans cesse repris (D.F., p. 12, 27-28, 147, 417, 423, 462, 528, 543-544…), sont, eux aussi, l'un des leitmotive du *Docteur Faustus* : Adrian "reconnut-il d'emblée ou peu à peu, rétrospectivement et avec le recul du souvenir, certaine disposition de choses anciennes, transposée dans une tonalité différente mais assez voisine ? […] L'étang et la colline, le vieil arbre géant dans la cour — un orme, il est vrai —", et non un tilleul, "avec son banc circulaire peint en vert et d'autres particularités analogues l'ont peut-être saisi au premier regard" (D.F., p. 218).

## RETOUR AU MYTHE

Comme Th. Mann, "grand remythologisateur" (Gilbert Durand), ou Nietzsche, la littérature moderne ne cesse de revenir aux mythes, au primitif, voire aux barbares et à la sauvagerie parce que "ces différentes formes de l'archaïque ne nous ont pas quittés". L'archaïque n'a même pas à faire retour : en dépit des illusions d'un progressisme simpliste qui ne peut décidément plus être le nôtre, "l'archaïque, au cœur de la modernité, est permanent" (Yves Vadé). Selon Sérénus, "la barbarie, l'inhumanité consistent" aussi "à assimiler" l'*Apocalypse* d'Adrian Leverkühn, "l'aspiration nostalgique vers une âme, la quête de la petite Sirène, à une absence d'âme !"

> Il m'entretint de la petite Sirène d'Andersen. Il aimait et admirait extraordinairement ce conte, en particulier la remarquable description du domaine effrayant de la Sorcière de la Mer. [...] Il joua avec la comparaison entre les douleurs en coup de couteau que la belle muette était prête à subir à chaque pas [...] et ce que lui-même endurait sans arrêt. (p. 367).

"Archaïsme", certes, mais "explosif" : on adresse à ceux qui parlent de barbarie à propos de la création d'Adrian le reproche d'absence d'âme ; c'est à croire qu'ils n'ont jamais écouté, quand ce ne serait qu'en les parcourant du regard, certaines parties, des moments lyriques de la composition d'Adrian (D.F., p. 402).

# MARGUERITE ET FAUST

Satan, grand Manipulateur[245], comme Mussolini, comme Hitler, comme Staline, comme Mao, trouve tout naturellement à l'incarner dans le Proxénète. Pierre Mac Orlan, dans *Marguerite de la nuit* [246], fait du démon un marlou, comme Th. Mann, un "blême maquereau à béret, aux yeux rouges : "À son menton une barbiche à deux pointes s'agitait cependant qu'il parlait et au-dessus de sa bouche ouverte où brillaient de petites dents aiguës, se hérissait une moustache roulée et effilée" (p. 261). "Savez-vous quel air vous avez ? Vulgaire ne serait pas le mot. Une impudente écume, un mec, un sanglant souteneur, voilà sous quelle apparence vous avez trouvé bon de me visiter" (p. 243)."Le souteneur m'a l'air d'avoir étudié *medicinam*". Confirmation : "Comment moi, l'ami et le souteneur d'Esmeralda tel que tu me vois, ne prendrais-je point un intérêt particulier à [...] la médecine ?" (p. 249). Il se définit lui-même comme "un fin matois, madré" pour mieux prêter ses "qualités" à Adrian (p. 265).

En outre, le marlou de Mac Orlan est un jeune dealer. Chez Dostoïevski (*Les frères Karamazov*), le diable est un "monsieur" d'âge mûr. Marginalité du Méphisto macorlanien qui se retrouve chez celui de Th. Mann. On a vu que ce dernier soustrait le mythe à l'idéologie nazie en faisant d'Écho la figure primordiale de son roman. Dans *Malice*[247], de Pierre Mac Orlan, également, il y a place pour "l'Ange" qui prend la forme de Mina la *backfisch* — le menu fretin (*cf.* le néerlandais *vish* = "frai", donc immaturité) —, nom donné familièrement aux jeunes filles de quatorze à quinze ans.

---

[245] *Cf.* Th. Mann, *Mario le magicien Suivi de Expériences occultes et autres récits*, Traduits par Louise Sevicen, Grasset et Fasquelle, 1973.

[246] Grasset (1925), Le livre de poche, 1966.

[247] Suivi de *Roi Rose*, *Le Jardin de Spire*, *Les Recrues*, *La Flamande*, *Rose-des-Bois*, *Le Dernier Rêve*, *Sur la Route*, *L'Aventure*, *Le long de la Ligne*, *Le trésor*, *La maison isolée*, *Champeau* , Gallimard, 1925.

On n'a voulu voir en Mac Orlan qu'un romancier de seconde zone. On a souligné à souhait le caractère parodique de *Marguerite de la nuit*, avec ses personnages de Georges Faust, de Marguerite, péripatéticienne, et de Léon Méphistophélès. À supposer qu'il en soit ainsi, il reste que l'on retrouve dans ce roman des mythèmes — des éléments de mythe —, le pacte du sang recueilli au bout d'un stylo à plume d'or[248], par exemple.

L'originalité de Pierre Mac Orlan se marque, dans le traitement du mythe, par l'introduction d'une clause permettant à Faust de remplacer sa signature par celle d'une autre personne (p. 53-54) et ce sera Marguerite que tenaille la nostalgie de la pureté. Originale aussi, l'idée de faire découvrir par Faust, l'agnostique, qu'il a une âme et ce au moment où il la perd (p. 77-78). Porte entr'ouverte sur l'Au-delà, seuil que le tiède Georges Faust ne saurait franchir : il accepte le sacrifice de Marguerite. Quand M. Léon le rencontre "au bureau de tabac pour l'apéritif", il serre la main de l'égoïste invétéré, mais avec réticence (p. 109).

## VADE RETRO, SATANAS !

Dans *Marguerite de la nuit*, œuvre réputée de divertissement[249], s'insinue l'insolite — qui atteste la proximité de l'Au-delà (Michel Guiomar) — ; ce fait incite à l'investigation. Et *Le docteur Faustus* et *Marguerite de*

---

[248] *Marguerite...*, *op. cit.*, p. 53.

[249] Mise en abyme du Thème central de l'œuvre de Mac Orlan, le divertissement d'un Trickster ou de Satan lui-même : distraire pour mieux tromper (*cf. infra*).

*la nuit* sont peut-être des œuvres que tourmente la même inquiétude quand à la capacité de l'homme à faire reculer Satan, surtout quand ce dernier présente un visage "humain" :

> Le vieux Faust contempla avec sévérité la plume de son stylographe. Puis il écrivit : "Le mépris absolu, raisonné, consolidé et tenace de l'humanité donne à celui qui le possède une amabilité naturelle et souriante". Les grands misanthropes sont ordinairement d'un commerce agréable" (*Marguerite…*, *op. cit.*, p. 11).

PRIAPE ?

L'œuvre de Th. Mann semblerait plus complexe, en particulier pour ce qui concerne les rapports du héros avec la fille publique. Chez Mac Orlan, c'est un rêve de jouvence qui mène Georges Faust :

> Le film de sa vie se déroula, cahin-caha. […] La silhouette indécise et lourde d'une servante lui rappela une ancienne douceur de sa vie de vieux parapluie à peu près savant. […] Le cercle magique tournait de même qu'une roue de la fortune sur le couvercle d'une boîte à plaisirs.

Secrète, toute cette activité aboutissait à

> la création d'un portrait de femme nue dans le goût normal, une femme nue laiteuse, à la chevelure fauve, bref, une excellente vulgarisation de l'amour charnel pour un célibataire lettré (p. 18-19).

> Un bruit confus de fête exaspérée parvenait à ses oreilles, et ses narines sentaient le lilas, les gaufres et

> la sueur des filles canailles qui se frottaient dans la foule comme des allumettes prêtes à flamber (p. 21).

Lorsque la fille de la concierge lui a monté son courrier, "l'oreille collée contre la serrure", il écoute "avidement le froissement de jupes de Lucienne" qui s'apprête "à rejoindre la loge en se laissant glisser à califourchon sur la rampe de l'escalier" (p. 15)

## ŒUVRE OUVERTE

Mais on ne peut pas tout ramener au désir charnel de Faust. Œuvre ambiguë, *Marguerite* a son mystère :

> Le vieil universitaire [...] percevait vaguement une agitation romantique dans l'ombre des rues qui se dépeuplaient pour quelques heures. La présence des femmes le tourmentait, ainsi qu'une hypothèse de métaphysique difficile à résoudre. Il ne savait rien des femmes de la rue : il ne les connaissait qu'enlaidies par le triste négligé du petit matin (p. 33).

Signer le document avec son sang n'est rien : "Ce qui est plus grave, c'est l'élément mystérieux, criminel et impondérable dont le sang n'est qu'une interprétation matérielle" (pp. 70-71).

## TRICKSTER

Des forces mystérieuses nous gouvernent. L'univers ineffable ne se servirait-il pas de nos expériences pour ses divertissements ? Notre monde ne serait-il pas l'œuvre d'un Trickster qui crée à partir de rêves provenant du vrai Dieu et qui prend plaisir à se payer notre tête ?

> Sur la passerelle de Passy, une rame du Métropolitain traversait la nuit comme un détail lumineux dans un roman d'anticipation. Les quais semblaient déserts. Mais les apparences erraient dans l'ombre des ponts.
>
> "Je ne veux pas risquer la mort subite", pensa Faust.

N'était-ce pas la leçon qui ressortait des conceptions de Satan dans le *Faust* de Goethe ?

## LA GNOSE D'UN AGNOSTIQUE

Monde contingent où "les chances" errent devant nos yeux "de même que des fantômes en smoking" (p. 94). Présence de la Gnose dans une œuvre… agnostique ! Le mythe de Faust n'apparaît-il pas comme le mieux apte à l'inscription du mythe personnel ?

# FAUST & LA MANDRAGORE

Qu'il ait des pieds fourchus, un front cornu ou que ses signes extérieurs de *malice* se réduisent à une rousseur qui rappelle les flammes de l'Enfer, le Diable — du grec *diabolos*, "calomniateur", mais aussi "contaminateur" (*Le docteur Faustus*, p. 250) — n'est jamais à court d'apparence (quand il prend la forme du serpent, il présente la circularité chthonienne et écartelante des forces centrifuges) :

> Des cheveux roux au-dessus de la tempe ; des cils, eux aussi roux, cernant des yeux rougis (*Le docteur Faustus*, p. 239).

Il est toujours, sous divers oripeaux, le Tentateur et le Diviseur.

Satan, le cynique : "Nous avons diligemment agencé un traquenard pour que tu te jettes dans nos bras, je veux dire dans ceux infiniment petits, de l'Esmeralda" (*Le docteur Faustus*, p. 266).

## JACOB & "LE ROI DU MACADAM"

Dans *Marguerite de la nuit*, comme dans *Le docteur Faustus*[250], Méphisto prend la forme d'un proxénète[251]. Dans *Malice*, ce sera un usurier :

> Il lui sembla qu'il avait déjà vu le visage de cet homme qui lui apparaissait plutôt en souvenir littéraire qu'en vieil ami de la famille. C'était la tête classique du vieil usurier (p. 20).

---

[250] *Cf.* "le blême maquereau à béret" (p. 265).
[251] La démonologie cathare fait de Lilith la femme de Satan.

Comme Faust, Méphisto appartient, nous l'avons vu, à une tradition littéraire. Usurier, il s'inscrit dans une lignée. Dans *Malice*, il se prénomme Jacob, antisémitisme indécrottable oblige. Comme Shylock était gourmand de chair fraîche, il est, tel un vampire, assoiffé de sang[252] :

> [Saint-Jérôme] achevait sa barbe [...] il commit la maladresse de se couper légèrement le bout de l'index de la main gauche (p. 19).
> [L'intrus] fit quelques pas, prit délicatement le doigt de Saint-Jérôme, le porta à ses lèvres et le suça doucement en roulant des yeux de velours (p. 21).

## SEX-APPEAL

Faust-Jean Saint-Jérôme est en quête d'argent pour assouvir ses fantasmes amoureux. Débarqué à Mayence, il se souvient de "ces jolies filles de Paris" qui "se baignaient en maillot collant [et] nageaient comme des sirènes" :

> Quand elles plongeaient, leurs jolies fesses s'arrondissaient, tendant les mailles du costume de bain, devant les paysans qui en parlaient, plus tard, modérément, sagement, justement, sans passion, avec une lueur égrillarde dans les yeux, pour conclure (p. 24).

À la pension Kreutzer, Saint-Jérôme — nommé ainsi, par antiphrase, sans doute — en est réduit à regarder, vilain voyeur, par le trou de la serrure de sa chambre, Marpha la Polonaise qui, "nue, n'ayant que ses

---

[252] Saint-Jérôme "voyait le petit vieux craintif laver ses mains rouges dans la cuvette" (p. 26).

bras blancs et ses bottines blanches" (p. 18), recoud des boutons à un soutien-gorge.

## LE NERF DE L'AMOUR

Impécunieux, le nouveau Faust va conclure le pacte avec le Diable :

> Je viens vous vendre mon âme, mon âme contre la bourse de Fortunatus. Vous avez traité, il y a quelques années, une affaire semblable avec Pierre Schlemihl[253]. Vous vous appeliez Monsieur John à cette époque. Donnez-moi la bourse et je signe le reçu avec mon sang (p. 81).

Fin connaisseur de la littérature fantastique allemande, Pierre Mac Orlan se souvient sans doute de l'œuvre de Achim von Armin, *Isabelle d'Égypte*[254] : l'héroïne, jeune Tzigane, en consultant les vieux grimoires de son père y découvre une recette disant que la mandragore procure de l'argent et tout ce que peut désirer un cœur attaché à ce bas monde.

## LES PETIS RUISSEAUX FONT LES GRANDES RIVIÈRES

Un début à tout :

> Il piqua la grosse veine bleue avec une seringue de Pravaz ; dextrement, il retira l'aiguille et poussa le sang de Saint-Jérôme dans un petit encrier de cuivre parfaitement nettoyé (p. 113).

[253] *Cf.* p. 52.
[254] Gallimard, collection "Folio".

Calculs :

> Oui, en comptant cinq litres de sang par homme, je pourrais faire dix pièces de deux cent vingt cinq litres de sang par an. Ce n'est pas mal (p. 57).

## LA MANDRAGORE

Habituellement décrite comme une racine, la mandragore-talisman est, dans *La Mandragore*, de La Motte-Fouqué, un diablotin enfermé dans un flacon de verre.

Qu'il s'agisse d'assouvir sa passion pour l'or ou d'acquérir la toute-puissance, conclure le pacte avec le diable, c'est lier la passion faustienne à la mandragore.

Dans *Malice*, ce mythe de la mandragore ajoute à l'image du sang celle du sperme — la mandragore est censée naître, au pied du gibet, du sperme d'un pendu —, déjà présente (maladie vénérienne) dans le roman de Th. Mann.

Apollinaire, dans "L'enfer"[255], retient la leçon de l'étymologie populaire qui rapproche "mandragore" de "main de gloire" :

> Au pied d'une potence un beau masque prend l'air
> Comme si de l'amour — ce pendu jaune et vert —
> Je voulais que brûlât l'horrible main de gloire

Dans les textes allemands, on trouve l'expression "le petit homme du gibet". Dans *Isabelle d'Égypte*, c'est au pied du gibet que le pendu a laissé tomber ses larmes,

---

[255] *Il y a*, in *Œuvres poétiques*, Gallimard, Pléiade, 1965, p. 341.

matière du désespoir, comme le sang (Bachelard). C'est là que Bella va cueillir la mandragore.

## ÉCHO & MINA

Et la Marguerite ou l'Hélène ou l'Écho de Faust-Jean, c'est, nous l'avons annoncé, Mina, le "troublant backfisch"[256], dont Saint-Jérôme "[verra] quelquefois les fesses, en jouant" (p. 59) et dont "mademoiselle Loulou", ayant aperçu "monsieur Zorn", s'empresse de "relev[er] les vêtements" en lui "tournant le dos" vers son étalage :

> "Voyez, Monsieur Zorn, voyez l'incomparable séant de ce petit lapin" (p. 32).

## LES PENSIONNAIRES

Mina fréquente la pension Kreutzer, ruelle des Cordiers, dont le proprétaire s'appelle Feli ; la femme de ce dernier porte un prénom que nous avons déjà rencontré, celui d'Hélène ! À la pension, habitent encore Loulou[257] la Bayerin, Marpha Pavlowska la Polonaise, un jeune

---

[256] Leitmotiv : le mot (p. 32, 19 et 116) ou des synonymes : "la gamine" (p. 14), "cette enfant [...] sans doute sans père" (p. 32). — Thème récurrent : "le rire des fillettes assemblées et jacassantes au coin des rues" (p. 15) ; "une fillette chantait" (p. 62).

[257] Alban Berg (1885-1935) ne commence à travailler qu'en 1928 à son opéra, *Lulu* — avatar de Lilith —, d'après *L'Esprit de la Terre* et *La Boîte de Pandore*, pièces de Wedekind. Schœnberg — dont Berg était l'élève — fut choqué par le choix de *Lulu*, accumulation de rimes qui n'aurait pas déplu à Mac Orlan. La dernière oeuvre d'Alban Berg s'intitule *À la mémoire d'un ange*.

homme, une danseuse et des mariniers de passage venant de Düsseldorf ou d'Amsterdam.

## LES CLIENTS

Parmi les consommateurs qui fréquentent cette "weinstube", le peintre Max " qui reproduit à trois cents exemplaires dix eaux-fortes représentant les attitudes les plus intimes de sa maîtresse Jo, pour le plaisir des amateurs" (p. 13). Pas besoin d'en dire plus pour se faire une idée du genre d'établissement auquel on a affaire…

L'arrivée du pantin acheté par Saint-Jérôme fera prendre, dans la pension Féli, une "force nouvelle" à "l'odeur bizarre et engourdissante de la pouffiasserie" (p. 65).

## UN PETIT VIEUX, MAIS QUI SAIT ?

Dans ce milieu interlope, se présente un personnage insolite dont le caractère fantastique se révélera par la suite : ce petit vieux qui ne paie pas de mine sera, à la fin du roman, désigné par la périphrase le "maître des activités charnelles" (p. 113) : "C'était un très vieil homme coiffé d'un chapeau melon et vêtu d'une jaquette noire (p. 19).

Dans "Le Vase d'or"[258], l'action du Diable est prédite lorsque l'étudiant Anselme heurte le panier d'une marchande : "Va, cours toujours, engeance infernale !

---

[258] In Hoffmann, *Contes — Fantaisies à la manière de Callot* , Le Livre de poche, 1969, p. 202.

Dans la prison infernale, bientôt ta chute fatale. Dans la bouteille de cristal !" (*cf. supra*).

## LOTTE AU WEINSTUBE

"Un vieillard rigoleur et obséquieux pénétra dans cette weinstube". Il demande un verre de Rüdesheimer. "Ce fut Lotte, la fraulein, qui le lui servit". Plus tard, elle dit "en se frappant la poitrine que le fait, pourtant bien simple, d'avoir servi du vin à ce vieux monsieur sordide lui avait porté un coup au cœur" (p. 13).

## LOULOU

Et Loulou la Munichoise ajoute :

> Ce vieux, je l'ai déjà vu. Il possède une galerie de tableaux à Düsseldorf et un château à côté de Goar (*ibid.*).

## POINTS DE VUE

La diversité des opinions sur le "vieux monsieur" accroît la curiosité du lecteur :

> Il n'est pas riche et tient une petite librairie religieuse à côté de Holzturm (p. 14),

dit Féli. Ajoutons que métaphores et comparaisons ajoutent à la complexité du personnage qui se met à ressembler à une mandragore : l'usurier aux "cheveux blancs un peu longs", au "nez retroussé et mince" et dont le menton s'allonge de "quelques poils follets" comme "les radicelles d'une betterave", ressemble à "un navet mal nettoyé ; il a une "odeur fade de terre fraîche" et "sa servilité donn[e] l'impression d'une arme dangereuse" (p. 20).

## TRIADE

Cette constatation prélude au fait qu'il s'avère — et c'est beaucoup plus inquiétant — que "la Bavaroise, l'usurier et le fou acheté à Wiesbaden ne forment qu'un même personnage révélé aux naïfs sous une forme trinitaire facilement assimilable : L'intelligence, la luxure et l'immobilité" (p. 71).

Qui est qui ? L'erreur sur la "personne" semble indiquer que les rôles du "personnel" du roman sont interchangeables. L'équivoque naît de la polysémie du mot "poupée" qui, outre son sens propre, possède celui de '"fille" :

> — Et cette poupée, qu'est-elle devenue, cette poupée de Wiesbaden qui mangeait des marks, votre golem ?
>
> — Loulou de Munich ?
>
> — Eh non, cette poupée, à l'ancienne mode, avec son petit costume jaune citron et sa tête en bois ? (pp. 70-71).

Confusion significative : mandragore — fille publique.

Avec ce recours, pour symboliser l'insatiable besoin d'argent de Saint-Jérôme, au "fou acheté à Wiesbaden", à ce pantin fantastique, Pierre Mac Orlan ne se détache pas de l'imagerie illustrée, entre autres, par Hoffmann.

## RHÉNANES

L'insolite introduit au fantastique que rien, lorsque Saint-Jérôme quitta la France pour l'Allemagne, ne laissait présager :

> Le départ de Saint-Jérôme ne parut ressortir en rien aux événements fantastiques par quoi l'imagination villageoise se protège contre l'éducation gratuite et, dit-on, obligatoire. Rien de bien surnaturel ne présida au départ de ce gentilhomme de campagne (p. 25).

Il suffit à Jean de passer en Allemagne[259] pour être saisi par la "malice" médiévale et renaissante illustrée par la légende de Faust :

> Une surnaturelle malice créait [...] une atmosphère d'un autre âge, c'est-à-dire d'un autre âge littéraire

[259] La littérature fait la loi : "Mayence, ville incomparable, aux étés brûlants, en accueillant le voyageur de Seine-et-Marne, obéissait aux lois traditionnelles du romantisme rhénan" (p. 26), façon plaisante de dire la prégnance du romantisme allemand sur *Malice*, tout comme sur les «Rhénanes»' de Guillaume Apollinaire" : "les nixes nicettes aux cheveux verts et naines" ("Automne malade", *Alcools*, 1913 ; Gallimard, 1920, p. 156).

> dont les illustrations pouvaient paraître tombées en désuétude (p. 35).

Produit d'un réinvestissement mythique, *Malice* est aussi un drame moderne et le "fou de Wiesbaden" représente à la fois "l'insensibilité" et la "séduction intellectuelle" d'un passé riche en légendes" (p. 72).

Saint-Jérôme passe et repasse dans sa tête tous les souvenirs d'"affaires" ayant trait à la vente de l'âme que lui offre "la littérature romantique" (p. 78).

## LES ÂMES MORTES

La rencontre avec le "fou de Wiesbaden" a lieu lorsque Jean voit à la vitrine de la "marchande de poupées en feutre et en chiffons", tout un petit "peuple" vautré dans "des attitudes molles et vivantes". "Une surnaturelle malice" crée dans cette vitrine "une atmosphère d'un autre âge". Et, contre toute attente, ces poupées "n'imit[ent] guère les gestes des enfants". "Compliquées", elles ressemblent à de petites "âmes mortes"[260] dans "l'inquiétude de l'année 1922". Elles cumulent archaïsme et modernité conjugués par la méchanceté qui n'a pas d'âge :

---

260 "Je dois vous avouer franchement que [mon âme] c'est une belle âme, comme aurait dit la vieille dame de Nicolas Gogol, une belle âme connaissant le bien le mal, une infinité de petites chinoiseries, pouvant empoisonner celui qui s'en rendra acquéreur : une âme compliquée munie des derniers perfectionnements de la science, une âme bien moderne, dont l'importance ne peut échapper à l'acquéreur" (p. 72). L'acquisition du pantin est, quant à elle, le produit d'un caprice, d'un coup de cœur.

> Les unes ouvraient sur les passants des yeux de fillettes onanistes et les autres empruntaient aux réminiscences littéraires d'un romantisme, fortement remanié par la T.S.F., tous les détails d'une personnalité ne demandant qu'à mal faire (p. 34).

La vendeuse qui accueille le Français lui présente, "avec perfidie"[261] le jeune fou (pp. 35-36). Ses allusions à l'amour vénal sont destinées à endormir la vigilance éventuelle de Saint-Jérôme en réveillant le cochon qui ne sommeille, en lui, que d'un œil.

## PERFIDIE GÉNÉRALISÉE

Tout ne se passe-t-il pas comme si notre monde ou notre immonde où "l'odeur de pourriture" est "séduisante" (p. 26), comme le découvre Saint-Jérôme, était l'œuvre d'un dieu *malin*, d'un Trickster qui s'ingénie à nous le faire prendre pour une création divine :

> Toute cette sorcellerie appartient au monde des apparences (p. 71).

Dans ces conditions, on comprend qu'une âme ne vaille plus grand'chose — une corde pour se pendre. Mac Orlan la dissout dans le soupçon sceptique de la modernité où Satan se confond avec le besoin d'argent. Quand il fait étalage de son impécuniosité, Saint-Jérôme dit ne plus posséder que sa peau, ses os, son sang et ses "nippes". Il ajoute : "[E]t mon âme — j'allais oublier mon âme — à vendre" (p. 72).

---

[261] "Saint-Jérôme ne savait pas encore que la plupart du temps la douceur féminine n'est qu'un timbre de voix" (p. 41). Il est amusant de l'entendre dire : "[N]ous ne sommes plus au temps où Gérard de Nerval donnait dans tous les panneaux" (p. 99).

## QUI EST LA MARIONNETTE ?

Dans le monde macorlanien, ce sont les poupées qui ont une âme, même morte. Quant à nous, pauvres pécheurs, nous sommes, tous autant que nous sommes, des fantoches, des marionnettes :

> Une injection quelconque poussée dans les veines du Léviathan, pour qui nous ne sommes que des bacilles peut-être virulents, obligeait Saint-Jérôme à se déplacer. [...] [I]l ne nous est pas permis de contrôler les dangers supérieurs qui nous menacent (p. 25).

Dans *L'Ève future*, Villiers de L'Isle-Adam, fait dire à Édison qu'il prétend pouvoir faire sortir du limon un Être fait à notre image puisque nous sommes à l'image de Dieu.

Le Golem[262], créature ou démiurge ? Qui est "je" à présent ? La duplicité de tout être prend la forme de cette figurine de terre, modelée, chez Arnim, à la semblance d'Isabelle d'Égypte dont l'âme est diabolique, ignorante de toute réalité supérieure. Victime de l'illusion, Charles-Quint s'attache de tout son amour à ce double, mais il est le premier à être surpris par ce désir dont il est saisi. Il exige une satisfaction de ses sens alors que son rêve d'avenir ne pouvait s'accomplir qu'en s'épanouissant dans l'infini. Ces joies suprêmes, il les trouve à présent vides et méprisables quand il les compare au triomphe de la sensualité. À l'amour que l'on ne peut assouvir, il préfère l'amour "fabriqué"[263]. L'amour pour tout ce qui est

---

262 Un vieux juif lui insuffle la vie en inscrivant "Aemeth" (= Vérité) sur son front.

263 Le héros du *Grand Meaulnes* (édition avec introduction, notes, variantes et illustration, Nizet, 37510 Saint-Genouph, 1983) est, lui

création humaine est sacré : elle console de la laideur du monde et de la nôtre.

## NIXE

Et c'est ainsi que l'attention d'un Saint-Jérôme sans méfiance (il sentira bientôt que "son impuissance" se développe "malignement devant le danger", p. 65) est attirée et retenue par "un jeune homme en bois" qui figure dans un groupe, à la devanture de la boutique : "un bourreau noir vêtu de pourpre" s'appuie "aristocratiquement sur l'épaule d'une folie à visage de bois". Ce "pantin charmant aux cheveux bleu de ciel, courts et plats comme du velours" guette "une sorte de gnome de feutre rouge orangé portant, pour toute défense, de chaque côté de la tête, deux grandes oreilles de lapin en feutre vert laitue" (p. 35).

## LES YEUX FERMÉS

Séduit, c'est-à-dire "piégé", Jean achète le "gnome" pour une somme exorbitante :

> Il regrettait un peu de s'être laissé tenter par le charme équivoque de ce petit monstre (p. 38).

Mais, Saint-Jérôme, tout au bonheur de sa nouvelle acquisition, rapproche de la mandragore aux pouvoirs magiques ce qui s'avérera être "un monstre" :

> Le Français, déjà sous le charme de la figurine, pensa :"C'est la mandragore d'Achim d'Armin mais

---

aussi, partagé entre la recherche des nourritures terrestres et la quête du Graal.

améliorée par les grands couturiers parisiens. Je retrouve ici la touche de Poiret. Et c'est lui qui a fait d'un navet consacré par la sorcellerie, c'est-à-dire un diabolique pecquenaud, cette figure grêle, cet élégant hermaphrodite en bois tourné" (p.35).

## HAUTE COUTURE

L'erreur est humaine et le Français est d'autant plus tenté de se laisser séduire par la "figurine" qu'elle a été "relookée" façon Poiret. Saint-Jérôme est donc enclin à valoriser positivement la mandragore[264]. Il ne retient, selon la tradition, que le pouvoir bénéfique de la plante anthropomorphe, solanée acaule à grandes fleurs blues, violettes, blanches ou purpurines, dont la racine bifurquée figure grossièrement deux jambes autour desquelles les radicelles simulent une robe[265], de sorte que le tout a l'aspect rassurant d'une poupée. Et, dans le monde inversé de Pierre Mac Orlan, rappelons que ce sont les poupées qui ont une "âme".

## ARTIFICE

Qui est le plus artificiel, de la figurine achetée ou de la "bayerin", la Bavaroise désignée par l'expression "la poupée de Munich" (p. 27) ? Une autre "marionnette", Loulou, se proposera pour servir de "mère" à "la poupée

---

[264] Le mot provient du grec, par le latin. Les Grecs avaient fait de la mandragore la plante de Circé, la Magicienne (il y a de quoi s'inquiéter !).

[265] Illustration : Estampe gravée par Abraham Bosse au XVII$^{e}$ siècle (*La Littérature fantastique*, Actes du colloque de Cerisy, Albin Michel, 1991, p. 197).

jaune, enfant surnaturel" d'une époque qui ne croit qu'"au mal et à ses miracles" (p. 60).

## MACHIAVEL

On attribuait à la plante une action bénéfique. Elle était employée par les anciens comme talisman, entrait dans la composition des philtres d'amour et avait la vertu de rendre fécondes les femmes stériles. On se souvient de la comédie de Machiavel, *La Madragore*, où un amoureux parvient à séduire la dame qu'il convoite en persuadant au mari que la potion magique qu'il lui propose peut guérir la dame de son infertilité.

## LES SIMPLES

En comparant son Pinocchio à une mandragore, Saint-Jérôme lui confère donc la valeur magique de la plante. La mandragore participe avec les simples à la force prégnante de l'archétype qui les isole de l'espace profane[266], le mythe de la mandragore s'inscrivant dans la lignée des mythes qui expliquent l'origine (des ab-origènes) par l'auto-chtonie. Il faudrait développer ici pour évoquer le mythe d'Antée — mythe "omphalique" —, fils de Poséidon et de Gaia, cette dernière procurant à Antée sa force et une énergie nouvelle lorsqu'il touche la terre. Antée appartient à cette catégorie de gardiens de trésors sacrés promis à un bel avenir littéraire et musical (Wagner) et son "mythe" est, en dernière analyse,

[266] Découverte à un moment cosmique décisif sur le mont Calvaire, elle aurait guéri les blessures du Christ.

comparable à celui d'Héraclès, en quête des pommes d'or des Hespérides…

Mircea Éliade présente les simples en ces termes :

> La valeur magique et pharmaceutique de certaines herbes est due […] à un prototype céleste de la plante, ou au fait qu'elle a été cueillie pour la première fois par un dieu. Aucune plante n'est précieuse en elle-même mais seulement par sa participation à un archétype ou par la répétition de certains gestes et paroles qui, isolant la plante de l'espace profane, la consacrent[267].

## INVENTAIRE

L'auteur, fidèle, lui aussi, à sa manière, à la tradition légendaire, sème des indices qui ne laissent pas d'inquiéter. Ambivalence de la figure de la mandragore : la "main de gloire", si elle dispense à celui qui la possède fécondité et prospérité, n'en procure pas moins, comme Méphisto, des bonheurs périssables. D'ailleurs, Adalbert von Chamisso, après La Motte-Fouqué et son petit diable enfermé dans un flacon de verre, fait entrer la mandragore dans une série de talismans sujets à caution, ayant partie liée avec le miroir aux alouettes ; en échange de son ombre, "l'homme en habit gris" propose au narrateur :

> Le choix entre plusieurs bijoux que j'ai avec moi : l'herbe précieuse du pêcheur Glaucun ; la racine de Circé ; les cinq sous du Juif-Errant ; le mouchoir du grand Albert ; la mandragore ; l'arme de Mambrin ; le rameau d'or ; le chapeau de Fortunatus, remis à

[267] *Traité d'histoire des religions* (1964), Payot, 1975, p. 253.

> neuf, et richement remonté, ou, si vous préférez, sa bourse...[268]

On retrouve ce personnage de Peter Schlemihl chez Mac Orlan :

> J'ai vendu mon ombre par cupidité, un jour, [...] mon âme parce que la richesse matérielle que les femmes symbolisent avec une grâce infinie, me parut le but définitif de tout effort humain. [...] [E]n vendant mon ombre, j'ai perdu la protectrice de mes mauvais penchants ("Le jardin de Spire", in *Malice*, p. 150).

## DES SOUS !

Respectant, en cela, le "noyau dur" du mythe, Th. Mann fait proposer par le Diable à Adrian "une somme d'années"[269]. De quel temps s'agit-il ? Tout est là. "D'un temps de grandeur, d'un temps de folie, d'un temps absolument diabolique où tout se meut en hauteur et en sur-hauteur — et aussi, en retour, un peu misérable naturellement, profondément misérable" (p. 246) : "Il y a là de quoi [...] plonger le monde dans la stupéfaction comme un grand nigromant au moyen de mainte œuvre diabolique ; il y a là, pour l'homme, la possibilité d'oublier toute entrave" (p. 245). Il faut laisser du temps à la création : il est loisible à l'homme "de goûter toutes les voluptés presque insoutenables de l'inspiration, d'un narcissisme enivré" (p. 245).

---

[268] *Peter Schlemihl*, José Corti, 1989, p. 108.

[269] "Entre nous, nous avons déjà contracté des liens autorisant le tutoiement" (D.F., p. 239). — "Tu me tutoies comme il convient entre gens sur le point de conclure un accord et un pacte pour le temps de l'éternité" (*ibid.*, p. 244).

L'avatar de Faust, Jean Saint-Jérôme, ne cherche pas, en scellant un pacte avec Satan[270], allonger la durée de son existence. Il n'aspire pas à retrouver sa jeunesse (il est jeune !).

Le jeune charpentier de Charles Nodier[271] vient chercher la mandragore dont il attend qu'elle rende la jeunesse à son épouse, une mendiante, la fée au miettes, accessoirement la reine de Saba. Est-il fou ? Incertitude — propre au fantastique — : rêve ? réalité ? On sait quelles sont les préférences de Nodier.

Les seules "voluptés" que désire Jean sont celles du sexe, il tient à acquérir le nerf de l'amour, l'Argent (*cf.* le personnage légendaire de Fortunat). Et il est de fait que, à notre époque, l'on croit à l'existence du démon exclusivement quand on se trouve, comme Saint-Jérôme, dans une situation financière désespérée[272] :

> [Il] croyait momentanément au diable parce qu'il avait besoin d'argent, comme d'autres croient en Dieu à certaines heures, pour lui demander d'exaucer des désirs pressants et parfois saugrenus.

Toutefois, il s'agit bien, dans le cas de Saint-Jérôme comme dans celui d'Adrian, de pouvoir s'abandonner à ce qui est excessif : les artistes, on le sait, "ont toujours penché vers l'excès dans les deux sens, il leur est très normal de faire craquer un peu les cadres".

Conseil (ordre) de Satan : "Attends un an, dix ans, douze ans, attends que l'illumination démoniaque, le refoulement de tous les scrupules et des doutes paralysants atteignent au paroxysme" (D.F., p. 251).

---

[270] *Cf.* l'"acte de vente de son âme par Edwige Leller", p. 78.
[271] *La Fée aux miettes*, in *Contes*, Éd. Garnier Frères, 1961.
[272] *Cf.* p. 52

Satan se targue de procurer "des paroxysmes : des transports et des illuminations, l'expérience des affranchissements et du déchaînement". Frisson du culte de soi", effroi merveilleux devant soi-même, impression d'être "un monstre sacré". En échange de cette "énorme jouissance", on accepte les souffrances que l'on connaît par "le conte de fées", celle de la petite Sirène (D.F., p. 246).

## FORCES OCCULTES

L'environnement est hanté et des forces occultes s'y déploient, faisant croire à une intervention psychique du Malin alors que nous assistons, ici encore, à un phénomène endopsychique comme celui qui se produit chez le docteur Faustus :

> [L]a présence mystérieuse de Jacob, un concours de contingences créées par la ville de Mayence, l'énergie évidente de plusieurs forces malignes conjuguées l'amenaient à choisir une autre force, celle du mal (p. 79).

## PORNO

Sans la richesse, pourrait-il assouvir son besoin de stupre et de fornication ? Et comme dans *Marguerite de la nuit*, où le proxénétisme valorise négativement la pornographie, désir sexuel superlatif, le spectre de la prostitution plane sur *Malice*.

## LA DESCENTE

La ruine ("il évalua la profondeur de sa ruine", p. 58) de celui qui a pactisé avec le Diable ne vient pas d'un coup, comme celle de Faust. C'est la mandragore, en perpétuelle expansion, qui symbolise le dévorant besoin de cet entremetteur, l'argent.

## GŒTHE

On comprend que Mac Orlan fasse mention de Gygès, des trois chiens porteurs d'or d'Andersen, de la bourse de Fortunatus (qui revient comme un leitmotiv). *Fortunatus*[273] (*Fortunat*) est le titre de l'un des meilleurs livres popularies allemands que Gœthe dévorait dans son enfance avec *Fierabras*, les *Quatre fils Aymon*, la *Belle Maguelonne*, l'*Empereur Octavien*. Hans Sachs en a tiré sa tragédie. Le héros éponyme possède une bourse inépuisable — comme est insatiable la faim de la mandragore de Jean — qui exauce tous ses souhaits. L'usage qu'il en fait entraîne le nommé, par antiphrase, Fortunatus, dans le malheur comme, plus tard, Saint-Jérôme. Les biens terrestres, dans l'un et l'autre cas, ne sauraient, en effet, apporter le bonheur. Ils entraînent fatalement l'abus, le dégoût, le chagrin.

## MARCHÉ DE DUPE

Il est fait aussi allusion au Golem de Meyrinck. Le golem, ici, détruit son maître, avale son argent, le

---

[273] Il a été recueilli par Charles-Gilbert Simrock dans son *Deutsche Völkbücher* (1846).

condamne à une paupérisation totale, telle un vampire, suce sa vie. "La main de gloire" était réputée rendre le double de ce qu'elle avait reçu, deux écus d'or pour un écu. Le pacte de sang devrait assurer à Saint-Jérôme la tranquillité matérielle :

> La tradition veut qu'en échange d'une signature sanglante on obtienne la richesse sur la terre jusqu'au jour de l'échéance. Je suis prêt, sans arrière-pensée, je ne regrette rien (p. 82).

Dans le monde inversé de Mac Orlan, la mandragore, insatiable, engloutit les marks[274]. Il ne restera plus à Saint-Jérôme, le mal nommé, que la corde pour se pendre.

Chez Frédéric La Motte-Fouqué, déjà, la mandragore, liée au monde du cauchemar, et sortant d'un flacon sous la forme d'une grande ombre noire qui se jette sur son possesseur, impose l'image du vampire[275].

## RUE DES CORDIERS

Il n'était donc pas indifférent que Mac Orlan situât la pension Kreutzer rue des Cordiers où un marchand de cordes, précisément, prédestine d'une manière maléfique Jean par un signe oraculaire auquel il donne la forme d'une invitation sans conséquence :

---

[274] "Il mange des marks, alors c'est une femme, dit Loulou, elle prit le pantin et le regarda attentivement entre les jambes. / Il n'est pas signé, fit-elle. On reste dans le doute. À mon avis, avec sa bouche en cœur, ses beaux cheveux bleus et ses yeux cernés, c'est un warmbruder" (p. 39). "Frère chaud" (*ibid.*, note 1).

[275] Voir notre contribution : "Les racines anthropologiques du *Dracula* de Bram Stoker", in *Les Vampires*, Albin Michel, 1992.

> Je suis votre voisin de la rue des Cordiers. [...] Je vends des cordes, des cordes solides, de vraies cordes en chanvre. [...] À votre service, Monsieur, mais ne manquez pas de visiter ma petite boutique quand vous aurez besoin de cordes... ou d'une corde (pp. 31-32).

Tragique de la situation du Français qui parle de corde... sans imaginer la suite des événements : comment le pourrait-il dans un monde trompeur ? Humour — involontaire — quand tu nous tiens : "J'aurais aussi bien fait d'aller me pendre (p. 84).

## ÉJACULATION DERNIÈRE

La mort par pendaison est, nous l'avons vu, l'un des mythèmes du mythe tellurique de la mandragore. La plante, qui est censée naître du sperme éjaculé par un pendu, est donc un motif grâce auquel Mac Orlan conjoint pornographie et suicide, Éros et Thanatos. Ce que sentent les murs de la "maison" Kreutzer — c'est-à-dire l'amour, "le vieux meurtre et la femme coupée en morceaux" — est significatif, même s'il faut faire la part, dans cette allsuion granguignolesque, au canular[276] dont Mac Orlan a le secret :

> Saint-Jérôme imaginait très bien la fille Marpha dépecée maladroitement au milieu de ses accessoires de toilette. Il voyait le petit vieux [...] se sauver furtivement en enveloppant dans un vieux numéro

---

[276] "Peut-on trouver un sens caché dans toutes ces extravagances ?" — "Il [...] racontait [ses] rêves certains jours à son entourage. Les filles lui avaient dit : "Quel cochon !" et les autres auditeurs n'avaient pas paru extrêmement intéressés par ce récit fantastique de nourrice" (p. 30), comme *Malice* ?

de *Mainz Tageblätter* des intruments de supplice galants (p. 26).

## RÊVE DE SANG

Le Français rêve qu'il met "du sang partout", qu'il ne peut "se débarrasser de cette humidité grasse" et qu'il ne parvient pas à "effacer la dernière tache de sang, le sang de la Polonaise" et d'une autre fille. La tête "pleine de sang", il devient la proie de "deux des trois rêves familiers qui, filmés pendant la nuit, à certaines époques, devenaient célèbres pour lui" (p. 27). Deux d'entre eux le comblent "d'angoisse et de dégoût de soi-même". Par le premier, il rejoint nos ancêtres anthropophages :

> Une idée d'enfant tué coordonnait les éléments du film, lui imposait sa discipline. Mais ce qui rendait cette promenade particulièrement écœurante, c'est que l'image de l'enfant tué agissait sur le goût de Saint-Jérôme, la saveur de porc[277] frais flattait en même temps son palais. Il s'éveillait alors (p. 28).

Le deuxième, souvenir obsédant, est lié au premier : il traduit, lui aussi une préférence pour la viande porcine dont le goût est associé à celui de la chair humaine :

> Le deuxième film se déroulait dans le décor d'un jardin potager [...]. Et sept fois dans son sommeil depuis l'âge de dix ans, Saint-Jérôme avait tué un jeune enfant dans [la] cabane paisible [du jardinier].

[277] Le pantin aux jambes et aux bras tentaculaires est comparé à un cochon : "— Ma parole, ce cochon-là engraisse" (p. 56). Zom est traité de "tête de cochon" (p. 57).

> C'était toujours la même petite voisine venue pour participer à des jeux, au début, innocents (p. 28)
> Et soudain, sous son pied, la terre se soulevait et un os sortait du sol, comme une fleur, un os qui ressemblait à un morceau de jambonneau (p. 29),

une mandragore ?

## DÉCHÉANCE

Les "filles", quant à elles, propagent autour d'elles "les incurables malaises de la volonté", multipliant "les miasmes de la cave au grenier"[278]. La déchéance humaine "suint[e] sur les murs en humidité grasse" (p. 66).

## LE SENS DE L'HUMOUR

Saint-Jérôme s'est enfoncé dans un climat morbide et mortifère de luxure décadente et l'image du sang est omniprésente dans *Malice*. Il reste que Mac Orlan manie l'humour avec maestria. Le recours au code herméneutique ("l'appareil terrifiant" de la Justice, p. 110 ; "au fond de l'impasse terrifiante", p. 110) n'y change rien. Puisque ce monde, en raison des abominations humaines, ne saurait être tout à fait le "vrai", il convient de le mettre, par

---

[278] Et dans le monde entier : parabole (*cf. infra*). — "Vous devez le savoir : l'homme est créé pour le bienheureux salut ou pour les enfers ; et moi je suis né pour la géhenne" (D.F., p. 534), la "vallée aux détritus", en hébreu.

l'humour ("politesse du désespoir", Georges Duhamel), à distance (mourir[279] de rire ?).

Humour, ironie ? Gérard Genette[280] rappelle la "distinction bergsonienne entre *humour* et *ironie* " qui lui semble "presque tout à fait juste". Et de citer Bergson selon qui l'ironie "consiste à énoncer “ce qui devrait être en feignant de croire que c'est précisément ce qui est“ et l'humour à décrire “ce qui est, en affectant de croire que c'est bien là ce que les choses devraient être“[281]". Genette ajoute qu'ils peuvent être, l'un et l'autre, "investis dans la satire".

C'est ainsi que Saint-Jérôme, à l'instar de son démiurge, Mac Orlan, "tout en croyant à la toute-puissance de Maître Jacob, prince des esprits charnels", ne peut s'empêcher de "le considérer comme une blague". Dans ses "monologues intimes", il l'appelle "Prince des ténèbres de mes fesses, vieux débris, ou encore le P'tit vieux, le P'tit coquin, ou du Nœud et plus souvent vieille vache" (p. 88).

## LA LUMIÈRE QUI S'ÉTEINT

Plus que les discours pacifistes qui n'ont rien empêché, l'humour et la parabole sont-ils de nature à réveiller nos consciences ? Le chaos né de la Grande Guerre marque "la fin d'une civilisation" (p. 118). La confiance en l'humanisme s'en est trouvée ébranlée et sa validité a été, avec une bonne dose de mauvaise foi,

---

279 Rappelons que Pierre Mac Orlan est l'auteur d'un roman :*Le Rire jaune*.

280 *Figures V*, Seuil, 2002, p. 196.

281 *Le Rire* (1900), .P.U.F., 1956, p. 97.

remise en question. Préparé de longue main, le retour aux "origines fécondes" ne peut se concevoir qu'"à la manière d'une fête prolongée, mêlant les fanfares confondues et les feux multicolores de la Foire de Neuilly aux jeux secrets des chairs populaires et bourgeoises, quand l'intelligente Europe s'endort, toutes lumières éteintes" (p. 118).

## HUMANITÉ MÉGALOMANIAQUE

À "la lumière claire des anciens jours" a succédé "une lueur trouble de crépuscule [qui] baigne nos actions les plus banales". Et le narrateur de se demander si l'humanité n'a pas "dépassé les limites permises" :

> Chacun porte en soi les éléments artificiels de la Pension Kreutzer et sombre dans un sommeil agité (p. 17)

## PARABOLE

La chute de la "Maison Féli" est à l'image de l'Europe déchue : "Je ne veux plus rester un jour dans cette criminelle demeure" (p. 116), ce dernier mot désignant, métaphoriquement[282], Mayence, l'Allemagne et/ou l'Europe, le Monde :

> Dans la ruelle des Cordiers [!], la séduisante Pension Kreutzer, portes fermées et volets clos, attendait un acheteur désireux de faire revivre les beaux jours de sa weinstube, et sous d'autres toits anonymes, mille

[282] Façon Octave Mirbeau (*Le Jardin des supplices*).

> mystères s'élaborèrent, plus ou moins compliqués, ici à Mayence, plus loin, et ailleurs dans toute l'Europe attentive, guettant les premières nouvelles… (p. 117).

Le diabolique, spécialité allemande ? C'est ce qu'affirme Méphisto : "Ma popularité est [bien] germanique" (*Le docteur Faustus*, p. 241) : "Veux-tu nier ma présence ici sans tenir compte de la vieille nostalgie allemande ?" (*op. cit.*, p. 242). L'Allemand, est-il le seul ? est "doué, mais entravé — assez doué pour s'irriter de ses entraves et en triompher par l'illumination, au risque de déchaîner le diable" (*ibid.*, p. 244). Satan : "L'adaptation, le mimétisme, tu connais cela, n'est-ce pas la mascarade et le jeu mystificateur de mère Nature qui rit toujours sous cape" (*ibid.*).

## GLOBALISATION

Quant au "désastre financier" de Saint-Jérôme, il participe "au désastre général, où chacun vivant cependant en dépit des règles financières en usage chez les gens bien élevés" (p. 58) :

> La ruine de cette petite fortune lui permettant de vivre aimablement s'adaptait à l'atmosphère européenne créée par des ruines et des faillites merveilleusement reculées (*ibid.*).

C'est Mayence et, "d'une façon plus littéraire, toute l'Allemagne" abîmée qui est mise en abyme : elle apparaît, aux yeux de Saint-Jérôme, comme "une gigantesque poupée de Wiesbaden vêtue de jaune citron, possédant une grande gueule en bois", "bouffeuse" de billets, où les marks s'engouffrent "comme dans une boîte à lettres sans fond", version moderne du tonneau des Danaïdes :

> [La poupée] regardait toute l'Europe et l'hypnotisait avec ses yeux où brillait la mauvaise lueur des histoires secrètes et des racontars internationaux (p. 59).

La "poupée merveilleuse" possède les beaux yeux séducteurs de Satan et des grands sauriens de la préhistoire. Comme dans *Le docteur Faustus*, l'archaïque est bien présent.

## LE SCHISME

Le Faust de Mac Orlan oriente le mythe dans une nouvelle direction et rien n'autorise à dire que le personnage, dont les attaches avec la littérature sont répétées, ne doit pas être pris au sérieux. Comme Don Juan, l'égoïste Faust représente un "schisme"[283] du mythe de Prométhée. Le mythe romantique du "voleur de feu" et du "bienfaiteur de l'humanité" sème en route "ses myhtèmes de générosité"[284], perd des plumes, pour ne conserver que la transgression. Saint-Jérôme représente l'aboutissement d'un long processus de dégradation du prométhéisme mégalomaniaque.

---

[283] Gilbert Durand appelle ainsi la transformation d'un mythe par suppression de certains de ses mythèmes. Le mythème est un élément du mythe, un "décor mythique" (*Le Décor mythique de "La Chartreuse de Parme"*, José Corti, 1971).

[284] G. Durand, *Introduction à la mythodologie*, Albin Michel, 1996, p. 171.

Cependant le coup de grâce n'avait pas encore été porté à l'époque où Mac Orlan publie son roman bien que les choses aient déjà beaucoup avancé :

> La guerre avait simplement achevé, traduit, concrétisé en une expérience drastique ce qui depuis longtemps couvait déjà. Un nouveau sentiment de la vie avait pris naissance. [...] [L]a tradition bourgeoise, j'entends par là les valeurs civilisatrices de l'âge des lumières, de l'humanité, des rêves, tel l'ennoblissement des peuples au moyen de la culture scientifique (*Le docteur Faustus*, p. 389).

Éternel retour, sans doute. Le peuple allemand croit entretenir des liens personnels avec le Führer, ce qui n'est pas sans rappeler "l'hommage" médiéval : on prêtera serment à la personne du Führer et non au chef de l'État. L'anniversaire du "chancelier du peuple" est célébré avec faste en 1933 et donne lieu à une débauche de signes de soumission. *Ricorso* (Vico) : en plein XX$^{e}$ siècle, en plein capitalisme, résurgence d'un système néo-féodal avec ses seigneurs, ses serfs et ses fiefs. Mais la question raciale confère à l'État nazi une nature exceptionnelle.

Et on ne saurait, aujourd'hui, se contenter des explications réductrices qui consistaient à incriminer le système capitaliste dont Hitler n'aurait été que le valet.

Le peuple allemand a été tenté, d'où le parallélisme établi par Th. Mann avec le personnage de Faust . Un pays que l'on peut qualifier de démocratique ne s'était pas doté des instruments qui l'auraient mis à l'abri de la tentation totalitaire. Hitler jouera sur les peurs, les phobies, les attentes de larges couches de la population.

Le spartakisme et sa sanglante répression par le "socialiste" Noske, la terreur panique qu'inspirait le bolchevisme faisaient que Weimar était en crise (Reichstag ingouvernable ; système des partis). Crise de l'État, attente d'un "homme fort", d'un pouvoir personnel.

Il se trouve que l'humanité ne se caractérise pas seulement par la raison, mais doit composer avec son paléo-cerveau, autrement dit à ce qui vient des "tripes". Ce sont elles qui mènent les peuples, les livrant à des débauches de barbarie. Les préjugés, les idées toutes faites, la haine de l'autre trouvent l'occasion de se manifester lors des guerres, des victoires, mais aussi des défaites.

La défaite de 1918 fut ressentie non comme la faillite du militarisme prussien, mais la conséquence d'une trahison. On attend un nouveau Kaiser[285] qui lavera l'affront de "Versailles"[286]. Le traité signé à Saint-Germain-en-Laye crée l'Autriche, un petit pays de 84 000 kilomètres carrés, peuplé de 6 500 000 habitants auxquels on interdit l'Anschluss avec l'Allemagne alors que "Faust" rêve d'un Reich unifié.

On a la nostalgie, teintée de religiosité, de la puissance militaire, de l'unité nationale, des exploits héroïques qu'incarnait le Kaiser. D'aucuns attendent le Messie ; d'autres sont en quête d'un héraut annonciateur d'une restauration de la grandeur passée dont ils feront leur héros.

---

[285] En 1897, érection d'une statue équestre de Guillaume I^er^ , en uniforme, comme il se doit, sur le Kyffhäuser (Thuringe), l'une des montagnes sacrées où Frédéric Barberousse resterait endormi jusqu'à la résurrection du Reich médiéval. Éclipsé par Bismarck, le pouvoir aurait dû être repersonnalisé par Guillaume II. Il le sera par Hitler qui, le 21 mars 1933, le premier jour du printemps (c'est le "réveil national"), recevra la bénédiction de Hindenburg sur la tombe de Frédéric le Grand : on plante des "chênes-Hitler", des "tilleuls-Hitler" et l'apprenti-dictateur est fait citoyen d'honneur de nombreuses villes.

[286] Cheval de bataille enfourché par Hitler.

Comme Faust, le peuple allemand est prêt à se donner au premier venu à qui il veut bien prêter les qualités que le Chef est censé posséder. Pas de qualités personnelles, pas de "personnalité" : de la "gueule", pas de valeur, mais une façon de porter l'uniforme...

Point n'est besoin de connaître le "programme"[287] du chef charismatique, les buts de guerre qu'il cherche à atteindre (*cf.* Napoléon aux ambitions ubuesques) et qui ne se révèleront que plus tard, trop tard... à l'*usage.* L'important, c'est l'exaltation des valeurs militaires bien propre à caresser le bon peuple dans le sens du poil. Il le lui rendra bien. L'élimination, légalisée par la suite, des S.A.[288] sera considérée comme juste.

Nous sommes loin, dans ce cas de figure... charismatique, de la question du rôle des grands hommes dans l'Histoire. Le Führer s'adresse à ceux qui ne demandent qu'à se laisser persuader. La façon dont il est perçu importe plus que la réalité. Il s'agit d'un phénomène auquel Max Weber (1864-1920) a donné le nom de "charisme" (qui repose sur "l'héroïsme" ; il s'agit d'un pouvoir mystique).

Placé sur un piédestal, le Führer, au-dessus de la masse dont il incarne pourtant la volonté, est à l'abri des critiques que les Allemands sont amenés à formuler au Parti lorsque les choses se gâteront. Il n'a pas de comptes à rendre puisqu'on le situe sur un plan élevé.

La force émane de son "idée" de Croisade, entraînant le dogmatisme, le fanatisme, le millénarisme,

[287] Le parti hitlérien ne va nulle part : Hitler se refuse à l'adapter à la nouvelle situation créée par son élection.

[288] 2 500 000 S.A. aspiraient à refondre la Reichswehr (= "défense de l'Empire") sous leur direction ("seconde révolution"). Hitler avait décidé de favoriser la Wehrmarcht (= "puissance de défense").

l'antisémitisme[289] (les juifs ne sont pas des coreligionnaires, mais constituent une "race"[290]), une conception manichéenne du monde avec ses races inférieures (Hitler ne les a pas inventées, mais il a mis en "pratique" les idées racistes d'un Gobineau et autres sectateurs autrichiens). On mesure la "modernité" du nazisme ! On remplace "pangermanisme" colonial par conquête d'un espace prétendu "vital", et le mauvais tour (à la Diable !) est joué.

Dans ces conditions, le Pouvoir (chance pour un individu de faire triompher sa propre volonté) est condamné à entreprendre sans cesse davantage à coup d'opérations-prestige, de rodomontades et de coups de théâtre[291] — au risque, calculé, d'échouer — et le peuple-Faust de suivre.

Le comble de la barbarie sera atteint avec les nazis, comme le roman de Th. Mann en porte témoignage. Avant de signifier "bouleversement", le mot "révolution" a désigné le "mouvement d'un mobile accomplissant une courbe fermée". Le mot s'applique donc dans ce dernier sens à cette "régression très novatrice de l'humanité vers une théocratie moyenâgeuse" qui n'est "pas plus rétrograde en somme que le chemin parcouru autour d'une sphère et qui revient à son point de départ ne constitue une régression" (*ibid.*, p. 392).

---

[289] Hitler prétend avoir rencontré un personnage en long caftan (long vêtement oriental décoré), ce qui aurait fait naître en lui une "vocation" antisémite... Dachau : ouverture du camp dès 1933.

[290] Les nazis estiment que la vie d'un million d'Allemands aurait pu être sauvée si l'on avait tenu 12 000/15 000 juifs sous les gaz empoisonnés. Avis aux négationnistes !

[291] Le plus tragique étant la conclusion du pacte germano-soviétique — dont certaines clauses étaient secrètes, telle la "livraison" des communistes allemands réfugiés en U.R.S.S. — aux conséquences si tragiques.

Il n'en reste pas moins vrai que l'extermination industrielle du peuple juif confère à l'hitlérisme un caractère spécifique. Elle nous apprend que ce ne sont pas seulement les civilisations qui sont mortelles, mais aussi l'humanité, conséquence du pacte faustien avec Satan. Mais le Vampire meurt-il contaminé par sa victime ou renaît-elle, "la bête immonde" ?

Nous n'avons pas repris les éléments bibliographiques, les références étant déjà données en notes.

**Articles de l'auteur se rapportant à la littérature allemande**

*La Chanson des Niebelungen*, Guide de lecture, *La Boîte aux lettres*, Bulletin des professeurs de Lettres de l'Académie de Paris, C.R.D.P., n° 2, 1983.

"Hermann Hesse et “le jardin nocturne“", in *Iris*, Revue du Centre de Recherche sur l'Imaginaire, Université Stendhal, Grenoble III, n° 8-9, 1989-1990.

"Le mythe du Juif *errant* : Herder, Quinet et Fromentin", in *Cahiers du C.E.R.M.E.I.L.*, Centre d'Études et de Recherches sur le Merveilleux, l'Étrange et l'Insolite en Littérature, n° 12, 1997.

"*Souvenirs d'un Européen*, de Hermann Hesse", in *op. cit.*, n° 17, 2000.

"Alain-Fournier et le romantisme allemand", *ibid.*

"Figure d'Hermès et visages de *La Mort à Venise*, in *Les Représentations de la mort*, Actes du colloque organisé ar le C.R.E.L.L.I.C., Sous la direction de Bernard-Marie Garreau, P.U. de Rennes, 2002.

"Graal et phtisie dans *La Montagne magique*", in *Écritures et maladie*, Sous la direction d'Arlette Bouloumié, Éd. Imago, 2002.

Parution prochaine à L’Harmattan de :

*Thomas Mann, «Les Confessions de Felix Krull», roman picaresque ?*

*Thomas Mann, «Les Buddenbrook», Déclin et épanouissement, Mercure et Hermès.*

# Table

**L'HARMATTAN, ITALIA**
Via Degli Artisti 15 ; 10124 Torino

**L'HARMATTAN HONGRIE**
Könyvesbolt ; Kossuth L. u. 14-16
1053 Budapest

**L'HARMATTAN BURKINA FASO**
Rue 15.167 Route du Pô Patte d'oie
12 BP 226 Ouagadougou 12
(00226) 76 59 79 86

**ESPACE L'HARMATTAN KINSHASA**
Faculté des Sciences Sociales,
Politiques et Administratives
BP243, KIN XI ; Université de Kinshasa

**L'HARMATTAN GUINÉE**
Almamya Rue KA 028 en face du restaurant le cèdre
OKB agency BP 3470 Conakry
(00224) 60 20 85 08
harmattanguinee@yahoo.fr

**L'HARMATTAN CÔTE D'IVOIRE**
M. Etien N'dah Ahmon
Résidence Karl / cité des arts
Abidjan-Cocody 03 BP 1588 Abidjan 03
(00225) 05 77 87 31

**L'HARMATTAN MAURITANIE**
Espace El Kettab du livre francophone
N° 472 avenue Palais des Congrès
BP 316 Nouakchott
(00222) 63 25 980

**L'HARMATTAN CAMEROUN**
Immeuble Olympia face à la Camair
BP 11486 Yaoundé
(237) 458.67.00/976.61.66
harmattancam@yahoo.fr

**L'HARMATTAN SÉNÉGAL**
« Villa Rose », rue de Diourbel X G, Point E
BP 45034 Dakar FANN
(00221) 33 825 98 58 / 77 242 25 08
senharmattan@gmail.com

**L'HARMATTAN MALI**
Rue de Leipzig, face au Palais de la culture,
Porte 203, Badalabougou, Bamako
00 223 20 22 57 24 / 00 223 76 37 80 82
pp.harmattan@gmail.com

636171 - Janvier 2016
Achevé d'imprimer par

1livre.com
du rêve à la réalité !